李四光

的故事

李建臣◎主编

远方出版社

图书在版编目（CIP）数据

李四光的故事 / 李建臣主编. -- 呼和浩特 : 远方出版社，2022.12
（“榜样代代传”系列丛书）
ISBN 978-7-5555-1823-5

Ⅰ. ①李… Ⅱ. ①李… Ⅲ. ①李四光（1889-1971）—生平事迹—青少年读物 Ⅳ. ①K826.14-49

中国版本图书馆CIP数据核字(2022)第258245号

李四光的故事
LI SIGUANG DE GUSHI

主　　编	李建臣
责任编辑	蒙丽芳 萨日娜
封面插画	吴幸婷
内文插画	张会琴
封面设计	VIOLET Q1152979738
版式设计	曹　驰
出版发行	远方出版社
社　　址	呼和浩特市乌兰察布东路666号　邮编010010
电　　话	（0471）2236473总编室　2236460发行部
经　　销	新华书店
印　　刷	天津中印联印务有限公司
开　　本	880毫米×1230毫米　1/32
字　　数	102千
印　　张	5.75
版　　次	2022年12月第1版
印　　次	2023年4月第1次印刷
印　　数	1—5000册
标准书号	ISBN 978-7-5555-1823-5
定　　价	42.00元

编者序

吾辈自强 强国有我

对于青少年来说，他们正处于长身体、长知识和形成世界观的重要时期，兴趣广泛、可塑性强，各方面都还不成熟。如何紧扣时代脉搏，与时俱进地帮助青少年树立正确的人生观、价值观和世界观，是家庭、学校和社会需要共同思考的问题。

党的十八大以来，以习近平同志为核心的党中央高度重视青少年的思想政治教育，习近平总书记在许多场合对加强青少年思想政治教育发表了一系列重要讲话，内容涵盖立德树人、社会主义核心价值观的培育和践行、以文化人、以文育人、教育合力构建、加强党的领导等。这些重要论述，充分体现了以习近平同志为核心的党中央对青少年成长成才的亲切关怀和殷切期待，立意高远，思想深邃，形成了内涵丰富的思想政治教育理论体系，为提升青少年思想政治教育科学化水平指明了方向。

榜样教育是青少年品格塑造的一种重要形式，应科学合理地树立榜样，为青少年追求真理、完善人格、实现理想指明方向，并源源不断地提供精神力量，从而培养青少年爱国、奉献、创新、求真、务实的崇高品质。

为了帮助青少年向榜样看齐，向使命聚焦，汲取榜样的力量，感受其家国情怀以及进取、奉献的优秀品质，我们组织多位专家学者编撰“榜样代代传”系列丛书，介绍了钱学森、竺可桢、钱伟长、华罗庚、钱三强、苏步青、李四光、童第周、陈景润及邓稼先等科学先驱的事迹。这些科学家学习成绩优异，科技成果突出，得到了国际学术界的广泛认可。他们每一个人都深深知道：科学无国界，科学家有祖国。钱学森说：“我的事业在中国，我的成就在中国，我的归宿在中国。”李四光说：“要把所学到的知识，全部奉献给我亲爱的祖国。”邓稼先说：“假如生命终结后可以再生，那么，我仍选择中国，选择核事业。”他们不惜牺牲个人利益，远跨重洋回到生活与科研均“一穷二白”的祖国，在各自的领域自力更生、攻坚克难、开拓创新，为我国的社会主义建设和国防安全做出卓越的贡献。

鲁迅先生在《中国人失掉自信力了吗》一文中发声：“我们从古以来，就有埋头苦干的人，有拼命硬干的人，有为民请命的人，有舍身求法的人……”历史的风雨、生活的磨难，阻挡不了这些人前行的脚步。正是他们扛起了中华民族伟大复兴的重任，他们无愧为“中国的脊梁”。有人不禁要问：今天的青少年长大后，还能不能扛起重任？

要回答今天的青少年还能不能扛起重任的问题，我想起了梁启超先生100多年前的期许——“少年智则国智，少年强则国强。”

榜样是一面旗帜，榜样是一座灯塔，榜样是一种动力，可以为当代青少年引领方向，指导他们奋勇前行。这套“榜样代代传”系列丛书的出版初衷，就是希望青少年以老一辈科学家为榜样，学习他们胸怀祖国、服务人民的爱国精神，勇攀高峰、敢为人先的创新精神，追求真理、严谨治学的求实精神，淡泊名利、潜心研究的奉献精神，集智攻关、团结协作的协同精神，以及甘为人梯、奖掖后学的育人精神，并将这些可贵的品质吸收为个人的精神财富与进取动力，做有理想、有本领、有担当的新时代青少年。

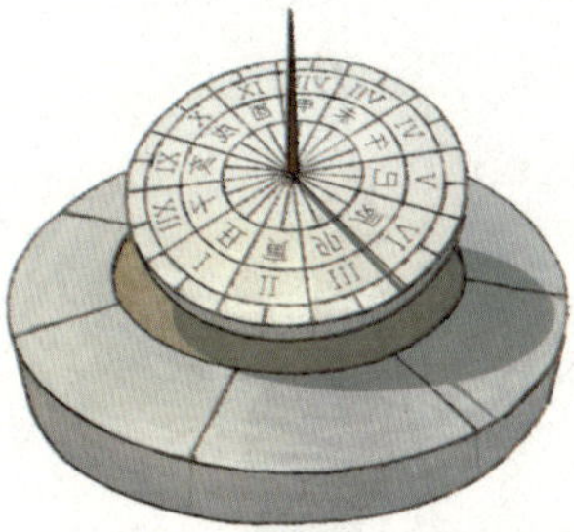

目录

第一章　少小勤学有志

第二章　走出国门看世界

第三章　科学救国之路

第四章　北大教书忙科研

第五章　中国地质先锋

第六章　全心为人民服务

第七章　晚年的无私奉献

第一章 少小勤学有志

生活中让李仲揆感到好奇的事情实在太多了，他的脑袋转个不停，嘴巴也总是问个不停……

以古圣贤为楷模

湖北省黄冈市位于大别山南麓、长江中游北岸，地势险要，与鄂州隔江相望，是湖北“雄峙江浒”的重要门户。作为鄂东文化的发祥地之一，黄冈曾经孕育了一大批科学文化巨匠，如活字印刷术发明者毕昇、药圣李时珍、爱国诗人及学者闻一多、国学大师黄侃、文学评论家胡风等，作为“中国地质之父”的李四光也是其中一员。

在黄冈北 25 千米处，有一座海拔约 500 米的小山，属大别山的龙王山支脉。这座小山的地理位置十分显要——背靠大别山，面临长江。当地人称这座景色优美的小山为“回龙山”，名字源于一个美丽的传说。

据说在很久以前，有9条青龙住在这一带，后来龙王要跟潭里的怪兽恶斗，便下令让9条青龙飞回龙宫，准备战斗。在它们回去的路上，最小的青龙留恋故土，不想离去，于是悄悄地独自返回，从此再也没有离开。历经岁月沉淀，渐渐地，它与周围的万物融为一体，最终化作一片起伏的山峦，山上的一草一木也都成为丰饶的物产。当地百姓都很感激它，于是将其化成的山叫作“回龙山”，意为“回归人间，与民同乐”。

回龙山下，水塘与村庄交错，水光山色，交相辉映。1889年10月26日，回龙山下的下张家湾村，秀才李卓侯家张灯结彩，因为家里又添了一个男孩。李卓侯为孩子取名叫李仲揆，他就是后来的李四光。

李仲揆的祖父库里是蒙古族，由于家境贫寒，在清光绪末年从草原一路乞讨，辗转来到回龙山下，在下张家湾村一座破烂不堪的庙里定居下来。为了生活方便，库里改姓李，还娶了一位当地姑娘。他办了一家私塾，教儿童读书识字，空闲时则上山砍柴变卖，勉强糊口度日。

李仲揆的父亲李卓侯从小随父念书，成绩优异，长大后顺利考中了秀才。但是他看轻仕途，选择继承父业，将村里的一座庙宇修缮一新，在那里开办了私塾。李仲揆的母亲姓龚，待人宽厚，勤劳节俭。

李卓侯夫妇一共生育了四儿二女，李仲揆排行第二，上面还有一个哥哥。李家三世同堂，家中共有 9 口人，但家里只有几间房舍、三亩薄田，人多地少，而且一家人老的老、小的小，李卓侯就成了家里主要的劳动力。为了养家糊口，他一边教书，一边与一户徐姓人家合作种地。

当时私塾收的学费很低，一个学生每年只需交几斗粮食或百文左右的铜钱，所以李卓侯的收入并不高。遇上好年景，九口之家省吃俭用，倒也可以勉强维持温饱。若庄稼歉收，就难免面临无米下锅的窘境，不得不借高利息的谷子，以度过饥荒。尽管生活比较艰难，但是好在李家上慈下孝，相亲相爱，日子倒也过得其乐融融。

家庭的耳濡目染，使李仲揆从小就很孝敬、懂事，也养成了吃苦耐劳的美德。当时他家是父亲主外，母亲主内，父亲在外教书、种地，母亲则负责家务，照顾年迈的公婆和年幼的孩子。为了挣钱改善家中的经济状况，母亲不辞劳苦，挤出时间来织麻纺线，贴补家用。

见母亲天天忙得像个陀螺，难得有空闲，李仲揆很不忍心，总想帮忙做点事情，以减轻母亲的负担。到五六岁时，他便开始做些力所能及的家务，如扫地、舂米、推磨等，干得十分起劲，小小的身体里似乎蕴藏着无尽的能量。那时，往往村里的人还没有起床，天还没有彻底放亮，他就已经从山上砍柴回来了；下午放学后，他也总是满载而归，回到家里放下柴火，赶紧帮母亲生火做饭。

看着懂事的儿子，母亲既欣慰又心疼，担心他小小年纪干这么重的活儿影响身体发育，于是让他少干点。李仲揆却伸伸腰杆，装出一副很轻松的样子，宽慰母亲说这点活儿根本不算什么，以后他会负责家里的柴火。这时，哥哥恰好从地里干活儿回来吃饭，知道事情的原委后，心里一阵愧疚，连忙安慰母亲，并且表示以后会和弟弟一起上山砍柴。李仲揆想到哥哥除了要到学堂念书，还得到地里帮忙，忙劝阻道："不，哥哥，家里的事我也帮不上太多的忙，砍柴的事还是让我来吧，你们都不用管了。"

乡亲们知道后，都羡慕地议论说："李家兄弟姐妹之间互相关心，互相帮助，而且懂得孝敬老人，家风真好！”

李仲揆一家的事迹渐渐在回龙镇流传开来，人人都夸李家有个好门风。这跟父祖辈的言传身教有很大的关系。心地善良的祖父一向疼爱孩子，后来即使卧病在床，仍然不忘教导孙辈读书、做事、为人的道理。李仲揆天资聪颖，深得祖父喜爱，祖父一有空便给他讲古代圣贤的故事，又或者天马行空，无所不谈。听祖父讲故事，成了李仲揆闲暇时最喜欢的一件事情。他受益匪浅，经常把祖父给自己讲的故事讲给别的小朋友听。可惜这样的日子并不长久，李仲揆刚满 5 岁，祖父便永远地离开了人世。

临终前，祖父拉着李仲揆的手说：“仲揆呀，一定要记住，以后做个善良、正直的人，向古代圣贤学习，也向你父亲学习……”尽管年纪尚小，但李仲揆牢牢地记住了祖父的嘱咐。

见义勇为好少年

作为一个熟读诗书的秀才，李仲揆的父亲李卓侯乐于助人、心怀天下，对李仲揆养成正直无私品质的影响极大。父亲经常教导李仲揆说：“要守好本分，牢牢记住一点，不聚细流无以成江海，做大事必须先从小事做起，从日常生活的点滴做起，要做一个弃恶扬善的好少年，明白吗？”李仲揆总是郑重地点点头，将父亲的教导牢记于心。

这年冬天，一个寒冷的夜晚，学堂里有个同学突然发现盖在被子上的棉衣不见了，于是叫醒大家起来抓小偷。屋子里顿时炸开了锅，同学们分头行动，仔细查找，果然在房间的一个角落里发现了一个怀里抱着棉衣的孩子，看来就是那个偷棉衣的“贼”。大家都很气愤，张罗着要教训他。

李仲揆见状急忙阻止，看那个孩子身上的衣服破烂不堪，想必是来自穷苦人家。他搬来一张板凳，让那个孩子脚踩在上面，苦口婆心地劝道：“看你的样子，一定是冻得没办法了才偷棉衣。可你有没有想过，这里都是穷人家的孩子，你把别人的棉衣偷走了，别人是不是就要挨冻？我们人穷但志不能穷，再苦再难也不能伤害别人呀！”那个孩子听了李仲揆的话，羞愧得红了脸，诚恳地向大家认了错。

还有一个冬季的夜晚，劳作了一天的人们陆续进入了梦乡。突然，一阵慌乱的叫喊声打破了村里的宁静：“着火啦，着火啦！快来人啊！”大家惊醒过来，走出家门一看，原来是村里的一个阿婆家不小心失火了。一人有难，众人相帮，热心的村民们有的拿着桶，有的端着盆赶去救火。李仲揆也被喧闹的人声吵醒，他马上从被窝里爬起来，穿好衣服和鞋子，拎起家里的小水桶就往外跑，加入救火的队伍中。他一次又一次地从池塘里提水，跑到失火的地方，将水泼向熊熊的火焰……

母亲发现李仲揆不在家，料定他去救火了，怕他遇到危险，连忙跑去找他，但始终没有看到他的身影。大火扑灭后，李仲揆才一脸烟灰、手里提着一个水桶、全身湿漉漉地回到家里。母亲见了，接过他手里的水桶，

一把将他搂进怀里，心疼地说：“仲揆，你小小年纪就跑去救火，万一有个什么闪失可怎么办？”

李仲揆见状，赶忙安慰道：“妈，人多力量大，我虽然年纪小，但多少也能帮上一点忙！再说了，爹爹不是也经常教导我们要见义勇为吗？救火的时候我小心着呢，您看我这不是好好的吗？”

母亲听了，默默地点点头，让儿子赶紧去冲洗，再换身干净的衣服。穿衣服的时候，李仲揆像是想起了什么，问母亲家里有没有多余的大人穿的旧棉衣。母亲有些奇怪，不知道他想干什么。

原来，家里失火的阿婆被救出来的时候没穿棉袄，在寒风中冻得直发抖，十分可怜，李仲揆想送一件棉衣给她。母亲也被他的善心所感动，当即从柜子里取出一件平时舍不得穿的半新棉袍，让他赶紧送过去，还嘱咐他问问阿婆还缺不缺东西。阿婆穿上李仲揆送来的棉袍后感动得拉着他的手，夸他小小年纪就古道热肠，真是个好孩子。

前来救火的乡亲们见了也冲李仲揆竖起了大拇指。父亲李卓侯知道这件事后也夸奖他说：“仲揆真是爹爹的好儿子，将来长大了要多学点本领，‘穷则独善其身，达则兼济天下’！”

刻苦学习模范生

李仲揆5岁时，由一位人称“陈二爹”的老先生对他进行启蒙教育。6岁时，他才转到父亲创办的学堂念书。在学堂，他认真学习，尊重老师，遵守纪律，赢得了师生的一致肯定，大家都很喜欢他。

有一天，李卓侯要外出办事，于是就给学生们布置了一些作业，然后拜托寺里的一个老和尚帮忙照看，维护课堂秩序。然而，学生们看见老师走了，马上闹腾起来，一个顽皮的学生提议说，既然先生不在，不如好好玩一会儿。孩子们立马响应，很快便把课桌拼起来，搭成一个“戏台”，然后轮番登台表演，教室里一片打闹声、尖叫声。

老和尚在一旁急得团团转，想要制止他们，但大家充耳不闻，依然我行我素。更有甚者，居然提议去外边的农田里弄点吃的回来，正所谓一呼百应，孩子们都连声叫好，很快做好分工。有的在学堂外面生火，有的则去摘花生、挖山芋，打打闹闹着美餐了一顿才老实下来写作业。

黄昏时分，李卓侯回来了，老和尚把课堂上发生的事情告诉他，他听了不由得皱起眉头，想了想又问老和尚："李仲揆下午都在干些什么？有没有参与胡闹？"老和尚如实说道："在所有学生中，只有你家公子没有捣乱，乖乖地在一旁认真写作业。后来，因为课堂里实在太嘈杂，影响学习，他才一个人躲到天井去看书。"

听说儿子能不受周边环境的影响，坚持做正确的事情，李卓侯心里很高兴。

上学期间，李仲揆总是尽量在课堂上完成当天的作业，放学回家后帮忙做一些家务，晚上则和哥哥一起挑灯夜读。为了让儿子们更好地学习，母亲特意在灯碗里放了两根灯芯，但是为了节省灯油，母亲走后，李仲揆就把其中一根灭掉。母亲发现后，总会心疼地让他点上两根灯芯，因为李卓侯也交代过，用不着太省，千万不能损坏了孩子的眼睛。

一天晚上，李仲揆坐在油灯下背书，因为白天干了一天活儿，实在太累了，不由得打起瞌睡来，结果头发碰到灯火，前额的头发被烧焦了一片。母亲闻到烧焦味后急忙走过来，抚摩着他的头，疼爱地说：“仲揆啊，烧着头发了，困了就去睡觉吧。”李仲揆却执拗地表示，不把书背完就不睡觉。母亲好说歹说，终于说服他睡觉去了。

正是这种刻苦学习的精神，使李仲揆的学识突飞猛进，为他后来继续学习深造打下了牢固的基础。

大船和大石头

李仲揆从小就养成了勤奋读书、深思好问的好习惯，每当遇到不理解的事物，他总是追根究底，不弄明白决不罢休。

有一次，李卓侯因事前往团风镇，为了让李仲揆增长见闻，就带上了他。团风镇坐落在长江边上，湍急的江水奔涌向前，其宏伟壮观的景象令李仲揆惊叹不已。更让他感兴趣的是江中行驶的轮船，这是他第一次看见这么大的船，父亲告诉他，那是火轮船。

李仲揆没想到火轮船这么大，不知道它是用什么材料做成的，父亲告诉他是用钢铁造的。李仲揆更加好奇了，钢铁那么沉，居然能浮在水面上。父亲笑着解释道："这个嘛，船舱是空心的，所以能浮起来。"

可是，这船没有人摇橹，也没有船帆，它是怎么跑起来的？还跑得这么快！父亲也许是看出李仲揆心里充满疑问，又指着船上一根冒着浓烟的"大烟囱"说："这根大烟囱下面有个大锅炉，锅炉里装满了水，工人们用煤炭把锅炉里的水烧开，水就变成了蒸汽，蒸汽累积越多，压力就越大，然后推动机器旋转，就能带动大船在水面上行驶了。"

李仲揆似懂非懂，但至少明白了一点，原来火轮船还有这么多学问。

"以后如果有机会看到海上的轮船和军舰，你会发现比这个大多了！"父亲说着，似乎想起了什么，眼神不禁黯淡下来，"现在咱们还是缺少好军舰啊，前几年北洋水师和日本的军舰在海上大战了一场，可惜……"往事不堪回首，父亲长叹了一口气，沉默了。

关于此事，李仲揆多少听说过一些，知道父亲说的是甲午海战，于是便问父亲：“清廷的军舰为什么打不过敌人呢？”

父亲看着他，脸上的神情变得凝重起来：“清廷造不了军舰，都是从国外买，但人家肯定不会把最好的军舰卖给咱们，所以在战斗力上，咱们总是差一截。其实中国的水师将士都很勇猛，当时‘致远’号军舰的管带邓世昌指挥全舰官兵奋勇作战，但被日舰包围，‘致远’号受了重创，炮弹也用完了。邓世昌就下令开足马力向日军主力舰‘吉野’号冲过去，想要跟敌人同归于尽，但‘致远’号即使开足马力，也追不上日本人的‘吉野’号，结果被他们发射的鱼雷击中，舰上 250 多名官兵全部壮烈牺牲……”

李仲揆感觉一股闷气憋在胸腔里无处发泄，这次谈话使他明白了中国在甲午海战中失利的原因。他在心里立下了一个誓言，长大后去学造船，造出更快更大的军舰，给中国人争口气！

生活中让李仲揆感到好奇的事情实在太多了，他的脑袋转个不停，嘴巴也总是问个不停，但并不是所有事情都能从大人那里得到确切的答案，这些疑问也就成了他后来探索不止的课题。

在下张家湾村的坪坝上有一块巨大的石头，李仲揆和其他孩子一样，平时很喜欢在这块石头上爬上爬下。有一次，他心里产生了一个疑问：这块平地上的大石头是从哪里来的呢？为什么周围没有这种石头？他百思不得其解，只好去找自己的启蒙老师陈二爹，希望能从他那里得到答案。陈二爹虽然也觉得奇怪，但从来没有深入思考过这个问题，看着李仲揆期待的眼神，他只能说“也许是从天上掉下来的”。

这个含糊的答案无法让李仲揆满意，于是他又去问父亲，并把陈二爹的回答告诉了父亲。但父亲也说不上来，只能根据陈二爹的看法再深入解释一下：“这是流星，天上的星星掉下来就变成了石头，也就是陨石。”

李仲揆看出陈二爹和父亲都解释不了，但他也只能先把这个疑问放在心里，直到后来去英国留学，学习了地质学才了解到冰川能够推动巨大的石头旅行成百上千里。后来，他又回到家乡，对这块大石头进行仔细研究，发现这是片麻岩，而非陨石。但是，这一带几乎没有片麻岩，具有这种构造特征的岩石最近的是在秦岭，片麻岩要从那么远的地方过来，只有一种解释，那就是冰川。1933 年，他在论文《扬子江流域之第四纪冰川期》中分

析，家乡这块孤独的巨石不是从天上掉下来的，而是冰川漂砾，是冰川从远方运过来的巨大砾石。

这件事说明，从少年时代开始，李仲揆便产生了探索大自然奥秘的兴趣。由此我们也可以了解到：虽然兴趣难以在短时间内让我们取得非凡的成就，但它是成才的基础，成功的基石，在人生道路上给我们指引前进的方向。

心灵手巧的制造

李仲揆勤奋学习、积极思考，是一个头脑灵活、富有创造力的少年。即使是干普通的农活儿，他也不忘研究，以便做得更快、更好。

读书之余，李仲揆经常帮母亲做家务，有时还要舂米。舂米就是把稻谷去壳的过程，首先把稻谷放在石臼里，在木头架上放置一根横杠，横杠的一端装上一块圆形石头，然后用脚踩踏横杠的另一端，这样就可以带动石头上下起落，石臼里的稻谷经过反复捣击，就能脱掉皮壳。

这个活计一般由壮年男子负责，但父亲太忙，舂米往往由母亲来做。看到母亲舂米时吃力的样子，李仲揆很想为母亲分忧，但他的力气小，踩不动沉重的石头。有没有什么省力的方法呢？李仲揆围着舂米的工具研究了很久，又仔细观察人们舂米的动作，发现大家舂米时手是闲着的，只有脚在踩。他灵机一动，心想：如果把手也用上的话，或许可以省点力气。说干就干，他决定亲自试验一下。他向母亲要了一根结实的绳子，将绳子一端拴在装有石头的踏杠上，然后把绳子吊到柱子上，另一端则抓在手里，脚往下踩的同时双手用力拉绳子，这样就省力多了，他也能“轻松上阵”。

邻居们听说李仲揆小小年纪就能独自舂米，刚开始都不相信，后来看见他手拉脚踩地舂米，都由衷称赞道：“这孩子真是聪明又孝顺，长大后一定有出息！”

每逢春节，有钱人家的孩子不仅吃得好，还有新衣服和玩具，欢欢喜喜地过年。李家经济条件不好，加上孩子又多，李仲揆和兄弟姐妹们根本不敢奢望父母给他们买玩具。不过，这事难不倒心灵手巧的李仲揆，他决定自己动手做玩具。他到山上砍来竹子，将其剖成细条，然后编成一个小巧、精致的灯笼，再涂上颜色或者画些图画装饰，在里面点上蜡烛，晚上挂起来，一点也不比外头卖的灯笼差。他把小灯笼送给弟弟妹妹当作新年礼物，弟弟妹妹都十分高兴，逢人就说："看，这是二哥给我们做的，比外头卖的还漂亮！"

几十年后，妹妹李希白回想起当年的情景，脸上仍然不由自主地浮现出笑容，似乎又回到当年和兄弟姐妹们在一起玩耍的那段无忧无虑的童年时光。

有一次，李仲揆还亲自动手做了一艘小火轮。自从父亲跟他说小火轮是用钢铁做的，他便抽空去洋铁铺看师傅们干活儿，再捡些碎铁片回家。他学着师傅们的样子先在纸上画图样，然后照着图样剪好铁片，再用小锤子一点一点敲打成自己想要的模样。

起初没有人知道他要做什么东西，几天后，他在全家人面前亮出了自己的作品——一艘像模像样的小火轮。大家都十分吃惊，父亲高兴地夸赞道："仲揆只是上次跟我去团风镇的时候见过火轮船，没想到自己居然做了一艘出来！"

母亲拿起小火轮，上上下下、前前后后地仔细打量着说："这跟我坐过的火轮船一模一样呢！仲揆，你可真能干！"

"二哥，这个小火轮能在水里漂起来吗？"妹妹李希白好奇地问道。

李仲揆笑着点点头，信心满满地说："我看行，咱们这就去试试！"

弟弟妹妹们听了，都乐得蹦了起来，跃跃欲试地跟着李仲揆出了家门，往池塘边跑去。村里的几个孩子看见后也跟了过来，消息像长了翅膀一样在全村传开了，大人和小孩都纷纷前来围观。在大家将信将疑的目光下，李仲揆小心翼翼地把小火轮放到水里，小火轮果然漂起来了，围观的人都啧啧称奇。

在大家的称赞声中，李仲揆更加坚定了自己内心的想法——长大以后要学造船，造又大又快的船。

后来在英国留学时，李四光还给导师威尔士教授的孩子们做过不少玩具，其中有一个是单翼飞机模型，孩子们都爱不释手。

第二章 走出国门看世界

进入西路高等小学堂后，李四光如鱼得水，

这里的环境跟他以前念的私塾简直是天壤之别。

新名字报考新学堂

1902年，14岁的李仲揆面临着人生的一个重要抉择。一天，他听人说武昌开办了新式学堂，可以免费读书，成绩优异者还能公费留学。据说录取条件不高，只要求能背诵一两本经书，粗通文理，年龄在11~14岁之间。

对于穷人家的孩子来说，这个机会实在是太难得了。李仲揆相信自己能达到录取标准，年龄也正合适。他十分心动，很想去报考，可是兴奋的心情还没维持多久，他便冷静下来。如今父母正一天天变老，而弟弟妹妹们年纪尚小，他和哥哥是家里的主要劳动力，如果他离家上学，家里就少了一个壮劳力，父母的负担就更重了。

一连几天，他都心事重重，茶饭不思，父母全看在眼里。李卓侯是当地小学校的校长，自然也听到了一些风声。

清朝末年，面对装备精良、船坚炮利的西方列强，清政府内部出现了以曾国藩、李鸿章、左宗棠、张之洞为代表的洋务派，他们主张“中体西用”，即用西方先进的科学技术来维护清朝的统治。张之洞作为湖广总督，通过在湖北开矿办厂，兴办新式学堂来实践自己的主张。自1902年起，在张之洞的主持下，湖北武昌先后开办了5所高等小学堂，分别称为东、西、南、北、中路新学。这些新学堂既教学生学习“四书五经”，又教授一些现代科学知识。学校除了免费提供住宿、伙食、校服和日用品以外，还会选派其中的品学兼优者到国外公费留学。

李卓侯知道这是一个千载难逢的机会，也看出李仲揆很有发展潜力，若能提供学习机会，将来必有一番作为。

这天，李仲揆从地里干活儿回来，刚走到家门口，母亲便笑着迎上前来，让他赶紧去书房找父亲，有要紧事要跟他商量。李仲揆忐忑不安地来到书房，看见父亲端坐在书桌前，似乎正在思考问题。他开口叫道：“爹！”父亲回过头来，和蔼地指着旁边的凳子示意他坐下，然后说："听说省城创办了几所新式学堂，我和你娘商量了一下，从明天起，你就不要下地干活儿了，认真复习，准备报考新学堂。"

李仲揆以为自己听错了，试探着问道："爹，您要让我报考省城的新学堂？"

父亲看见李仲揆一脸惊讶的样子，不由得笑了，说道："你没听错，我是打算让你考新学。不过，湖北省这么大，报考的人肯定不少，但只招收500人，考上的难度可不小呀！"说着，父亲递给他几本书，让他抓紧时间学习。

1902年冬天的一个早晨，寒风刺骨，长江上雾茫茫一片。李仲揆穿着母亲用当年的嫁妆改制的蓝色棉袄，拿着父亲从乡亲们那里拼凑借来的路费，带着简单的行李，登上一艘小船，独自从黄冈到80千米外的武昌求学。

小船逆流而上，老艄公用力地摇动船桨，刚到江心，李仲揆突然听到远处传来一阵马达的轰鸣声。他定睛细看，只见一艘挂着外国国旗的军舰正朝他们冲过来。来到近处时，军舰激起的波浪使他们的小船忽上忽下，左右摇晃，险些被掀翻。李仲揆坐在船上，两手紧紧抓住船舷，十分紧张。

外国军舰过去后，江面渐渐平静下来。李仲揆问老艄公："老伯伯，长江上怎么还有外国军舰？"

"孩子，你是头一次坐长江的船吧？自从清军被八国联军打败后，长江上的外国船就多了。"

李仲揆听了没有说话，看着滚滚流逝的长江水，又想起了自己造轮船的梦想……

武昌城里的一切都让他感到新鲜，这里车水马龙，店铺林立，各种新奇事物应有尽有，令他眼花缭乱。

对他来说，当务之急是找到省府的守备衙门。他顾不得眼前的热闹景象，一边走一边打听，终于来到目的地。站在衙门大院外，他整理了一下衣服，用手擦了擦脸上的汗水，定了定神，大踏步走了进去。

根据入学规定，李仲揆买了一张考生登记表，填写相关资料。也许是因为激动，他在表格的首栏"姓名"处误写了自己的年龄"十四"。他在心里怪自己，怎么这么粗心呢？这下得重新买一张登记表才行，可是他实在舍不得花这个冤枉钱，怎么办？

李仲揆盯着这个"十"字看了好一会儿，脑子里突然冒出一个主意，他不禁又高兴起来，就这么办吧！于是，他提笔将"十"字变成了一个"李"字，又抬头望

光被四表
迴避

见中堂上悬挂着一块牌匾，上书四个醒目的大字——光被四表（语出自《尚书·尧典》）。

“光”字让他眼前一亮：“有了，在‘四’字后面填上‘光’字不就成了吗！”填好后，他在心里默念“李四光、李四光”，越念越振奋：“四光、四光，光芒四射，光照四方！以后就叫这个名字了！”这一改动可谓神来之笔！随后，他小心翼翼地把剩下的表格填好，交了上去。

几天后，考试结果公布，他顺利被西路高等小学堂（也称第二小学堂）录取。喜讯传来，他和他的家人都高兴不已。

公费赴日留学

进入西路高等小学堂后，李四光如鱼得水，这里的环境跟他以前念的私塾简直是天壤之别。新学堂高大敞亮，功能齐全，他很珍惜这个来之不易的机会，学习更加用功了。

由于从小在私塾学习，李四光的文科基础比较扎实，对于学校开设的各门课程，他学起来驾轻就熟，而且善于把学到的知识融会贯通、灵活运用。而他对理科，尤其是对西方科学知识很感兴趣，深思好问的天性使他热衷于探索大自然的奥秘。通过学习数学以及物理、化学等课程，他的逻辑思维能力得到了很大提升。

在西路高等小学堂，李四光每一天都过得很充实，每段时间都有明显的进步，各科成绩在班里一直名列前茅，得到了老师和同学们的一致肯定。

学校每个月安排一次考试，根据规定，排名前五的学生有机会获得公费出国留学的名额。接连两个月的考试，李四光都高居榜首，显然具备了出国留学的资格。

1904 年暑期，李四光辞别父母，带着亲人的嘱托和继续深造的美好意愿，从湖北顺长江而下，赶赴该届留学生的集合地点——上海。来自各地的留学生将从上海搭乘远洋轮船前往日本。大家都很兴奋，畅想着美好的未来。

眼前的轮船使李四光想起了小时候在团风镇看见的火轮船，那时他曾经幻想过，在大海中航行的轮船会有多大呢？会是什么样子？自己什么时候能看到海上的大船？现在他不仅如愿以偿，而且还要乘坐这艘远洋巨轮前往他国留学深造。这让他心里既激动又紧张。

随着汽笛长鸣，轮船启航了。李四光走到宽大的甲板上，望着渐渐远离的国土，内心充满了感慨，同时也对祖国和亲人产生了眷恋之情。很快，轮船进入公海，李四光往前进的方向看去，只见船头悬挂着一面日本国旗，这让他又想起甲午海战，心里很不是滋味。

这次出国深造，他已经抱定目标，那就是求知报国，振兴中华！辽阔的海洋使他看到了世界的广大，内心涌动着一股难以言喻的激情，这股激情激荡起理想的风帆，在他胸中翻涌，奔向远方。

当李四光等 19 名学生到达东京时，中国留日学生总会湖北分会为他们举办了欢迎仪式，热情地接待了他们。不幸的是，李四光由于在出国前的一顿欢送宴会上多吃了些荤腥，在海上又着了凉，引起了腹泻。医院诊断为痢疾，把他送进了传染病医院，经过一段时间的治疗才得以康复，而他的肠胃也从此留下了隐患，后来转为慢性痢疾，时好时坏，对学习和工作产生了不良影响。医生叮嘱他以后少吃肉，他便下定决心，一辈子少沾荤腥。他也确实做到了，后来无论生活如何改善，他几乎顿顿粗茶淡饭，偶尔才吃点鱼和鸡蛋。

攻克学业难关

按照留学生监督的规定，李四光一行到达日本后进入弘文学院学习。这是一所专为中国留学生设立的普通中学，因为刚到日本的中国留学生通常无法使用日语进行交流和学习，所以要先在弘文学院的普通科学习日文和初级中学的数学、物理、化学等课程，读满 3 年后才能报考日本的专科学校。

弘文学院有十几个教学班，每班有四五十个人。所有班级都是以中国地名命名的，这让李四光倍感亲切。

清政府的学部规定，中国留学生每个月可领资助金 33 日元，其中包括当月的学费和食宿费，需要提前扣除，所以实际上每月只有 8 日元可供个人支配。不过，李四光从小就过惯了苦日子，对此并没有感到不适应。为了省钱，他经常把大米放进暖水瓶里焖泡成粥，然后就着咸菜吃，这样就免去了去食堂吃饭的花销。省下来的钱，他寄回国内供弟弟妹妹们上学，减轻父母的负担。对于这样的生活，他感到很满足。

在学习上，为了学到真本领，李四光倍加努力。每当春天来临，别人去欣赏富士山的风光和绚烂的樱花，他则埋头钻研知识；别人去品尝日式料理、享受日本温泉，他则认真研究老师的讲义；别人去看歌舞表演，他则啃读日文专著。

3 年很快过去了，1907 年 7 月，李四光以全优的成绩从弘文学院毕业，获得了报考专科学校的资格。

考虑到自己从小立下为祖国造大船、造快船的宏愿，李四光决定报考大阪高等工业学校的舶用机关科。不过，报考这所学校，他面临着不小的困难。当时日本向西方学习，还颇有成效，因为离中国较近，所以到日本留学的中国学生逐年增多。与此同时，日本国内的考生也不在少数，所以日本对中国留学生入读日本高等专科学校的名额有着严格的限制。这也导致中国留学生很少能进入日本高等以上学校，学习各项实业专科的更是寥寥无几。更关键的是，大阪高等工业学校每年仅招收 10 名中国学生，而这一年报考该校的学生则有上千人。

为了考上自己心仪的学校，李四光付出了常人难以想象的努力。1907 年 9 月初，他终于如愿以偿被录取，成为日本大阪高等工业学校舶用机关科一年级新生。在这个只有 19 名学生的班级里，他是唯一的中国人。

李四光虽然成绩优异，但是深知自己与日本学生仍有很大差距。日本学生接受的是西化的现代教育，而他从小学习的是“四书五经”，与日本教育系统所学的不同；日本学生的理科学得扎实，接受的理工教育时间较长，而他只是在武昌的新学堂才开始接触理科知识，并且只学了一年半；在日本弘文学院，他的成绩虽然很好，但那只是跟中国留学生相比出类拔萃，而中国留学生想要适应日本的现代教育体系，尚需训练。他知道，除了努力学习这一条路，没有别的捷径可走。

大阪高等工业学校规定每周的授课时长为 39 ~ 42 小时。由于课业繁重，李四光每天都异常忙碌，但他不以为苦，反而乐在其中。为了更高效地完成学习任务，他根据自己的实际情况，合理安排学习时间，把主要精力放在几门主课上。

功夫不负有心人，第一学年，李四光的物理成绩排全班第一；第三学年，机械加工成绩排全班第二，英语排全班第四。3年时间，他的各科成绩都在班级名列前茅。

1910年7月10日，李四光顺利从大阪高等工业学校毕业。这一年，他21岁。

回乡探亲讲见闻

留学期间，李四光于1907年夏天返回家乡过暑假，看望父母和亲人。当时他家已经搬到了距下张家湾约3千米的香炉山。因为他的返乡，村子里也热闹了起来。祖祖辈辈生活在乡村、大部分连县城都没去过的乡亲们，听说在外国留学的李家二儿子回来了，都想看看稀罕。大家围着李四光，七嘴八舌地让他讲讲外国是什么样子的，都有哪些稀罕事。

当李四光讲到外国人都穿西服、不留长辫子时，大家都十分吃惊。李四光也早就剪掉了辫子，乡亲们为此担心地说："辫子可是祖宗留下来的宝贝，剪不得呀！"

李四光摸了摸自己的脑袋，笑着说自己的宝贝可比辫子好多了，然后从包里拿出各种各样的有关动物、植物、矿物、轮船的图片，将其摆在桌子上。乡亲们大多没有见过这些东西，纷纷围上来观看。李四光拿起轮船的图片，对儿时的伙伴们说："你们看，这才是真正的轮船。"

乡亲们一边看，一边七嘴八舌地讨论，有的指着船上的旗帜问道："这是什么呀？"

"这是日本国旗。"李四光回答，"将来我学好了技术，也给中国造轮船，船上就挂我们中国的国旗。"

李卓侯夫妇看到被团团围住的儿子热情地为乡亲们讲述在国外的见闻，知道儿子几年来长了不少见识，心里感到十分欣慰。

第二天一大早，李四光来到河边读书，看到人们在河里洗衣服、洗澡、给牛马饮水，又用河水洗菜做饭，觉得这种用水习惯很不卫生。他想挖口井，让乡亲们喝上干净又卫生的水。回到家后，他拿起一把铁锹就往外跑。

母亲看见他那匆忙的样子，以为发生了什么急事，忙追出来问他要干什么。李四光说："河里的水不卫生，

我想给村里挖口井。”

随后，李四光跑到屋后的竹林里，心想：这里的竹子长得这么茂盛，下面一定有水源。好，就在这里挖！说干就干，他脱下外衣卖力地挖起来，渐渐地，汗水湿透了衣衫，虎口也磨出了血泡。

村里的年轻人听说李四光要挖井，也跑来帮忙。众人挖了很久，挖了一丈多深，但仍然没有见到水。他们又热又累，已经瘫在地上不想动弹了。李四光意识到，这下面没水，是自己没找对地方。他让大家先停下来，然后又找了几处，但也不像有水的样子。此时他还没有研究地质学，看不出哪里有水、哪里没水，但他下定决心不再让乡亲们再喝不卫生的水，怎么办呢？

李四光绞尽脑汁想来想去，终于想出了一个办法。他来到集市上，买了一口大缸和一口小缸，找人帮着抬到村里，请石匠在大缸的底端侧面钻了一个小孔，再从小孔里插入一根竹管，接缝处用桐油抹灰封好。接着把大缸垫高，竹管的另一端通向小缸。大缸里先铺一块白布，取来洗干净的石子和沙子，铺完一层石子铺一层沙子，铺了好几层，上面再铺一块白布。一切准备就绪后，他对乡亲们说：“这是一种过滤方法，可以把河水里的脏东西去掉。”他提来一桶混浊的河水倒进大缸里，大家很快就发现，经过石子和沙子的过滤，竹管那端流出的水变得清亮了。

李四光灵机一动发明的土法过滤器，使全村人从此喝上了干净的水。乡亲们都很高兴，直夸他聪明能干，学以致用。

第三章 科学救国之路

站在车水马龙、人头攒动的伦敦街头，李四光心如止水，因为他知道这一切浮华统统与他无关，他内心渴求的是能让国家摆脱贫弱的先进科学知识。

最小的同盟会成员

李四光在东京弘文学院上学期间，有一次听到有人在发表激情洋溢的演讲，从世界各国的社会发展潮流出发，说明只有实行民主共和才能引导中国走上富强之路。这个演讲者不是别人，正是孙中山。李四光在台下凝神静听孙中山先生慷慨激昂的演讲，内心澎湃不已，更加明确了自己努力的方向，立志为建设祖国做贡献。

演讲之后，孙中山在东京赤坂区召开了筹建新政党组织的会议，李四光有幸也参加了。参加会议的有二三十人，除了孙中山以外，还有黄兴、宋教仁等。经过讨论，与会者一致同意成立中国同盟会，联合其他革命团体，共图大业。也正是在这一天，李四光成为中国同盟会的首批会员。

入会仪式由孙中山亲自主持，仪式是在会场旁的一间小屋里挨次进行的。当李四光进入这间小屋时，看到领着他宣誓的正是孙中山。

由于太过激动，李四光的声音竟有些颤抖。读完誓约后，他毫不犹豫地签上了自己的名字。

孙中山拍着李四光的肩膀，亲切地说："从今天起，你就是中国同盟会的一员了！不过，你现在还小，不必急于投身戎武。希望你能努力向学，蔚为国用！"

孙中山的话，深深地印在了李四光心中。这一天，他觉得自己的思想成熟了许多，立志为建设祖国做贡献。之后他从弘文学院毕业，报考大阪高等工业学校并取得优异成绩，与孙中山的勉励有着莫大的关系。可以说，这次会面也成为他日后努力的动力之一。

散会后，李四光和好友马君武在路上偶遇湖北留学生监督李宝巽。李宝巽看见他们，训斥道："你们小孩子不读书，到外面干些什么我都知道，再不要胡闹！"李四光和马君武没有理他，默默地走开了。走了一会儿，李四光想起马君武在大会上的发言，开玩笑地说："你去请他加入同盟会好不好？”马君武哈哈大笑。

清政府得知中国同盟会成立的消息后，惊恐万状，连忙与日本当局联系，托其对革命党人“随时踪迹，窥其举动”，并限制留日学生参加集会。此举引起了留日学生的强烈反对，认为这是对中国学生的人格侮辱。在中国留日学生总会的号召下，路矿学堂首先罢课，接着是弘文学院，没几天便蔓延至日本各校。留学生们甚至打算罢学回国，以示强烈抗议。

李四光也积极响应并参加了罢课行动。就在大家收拾行李准备回国时，孙中山担心同盟会会员中的学生回国后会被清政府抓捕迫害，发来紧急电报，表示不赞成留日学生罢学回国。于是，留日的中国学生打消了回国的念头，继续以罢课的方式来争取日本当局尊重中国学生的人身自由与人格尊严，以及承认中国留日学生会馆的合法权利。

在国内外舆论的谴责下，日本当局不得不妥协让步，答应了中国留日学生总会提出的各项条件。罢课近 5 个月后，中国留日学生陆续复课。

最年轻的实业部长

1910年7月，李四光从大阪高等工业学校毕业后，怀着一腔报国之志，回到了日夜思念的祖国。

1911年10月10日，李四光在北京听到一个振奋人心的消息——武昌起义爆发了。北京城里到处在议论这件事，传言："武昌发生兵变，已经被革命军占领。""大清要亡了！"李四光没想到革命形势发展得如此迅猛，他在日本的同学兼老乡高仲和恰好从黑龙江来到北京，两人商量后，决定马上赶回武昌，投身这场轰轰烈烈的革命。

回到武昌后不久，李四光被湖北军政府委任为理财部参议。

1912年1月1日，中华民国在南京宣告成立，孙中山就任中华民国临时大总统，由此终结了中国长达2000多年的封建帝制，在中华大地上树起了民主共和的旗帜。李四光豪情万丈，激动之情难以言表。他在心里欢呼中华民国的成立，发誓要用毕生所学，尽心竭力地建设这个崭新的国家。

中华民国成立后，除了要消灭封建残余势力、巩固新生政权以外，发展民族实业、振兴落后的国民经济也是重中之重。这一需求使李四光所学的知识有了用武之地。

1912 年 2 月 7 日，年仅 23 岁的李四光成了湖北军政府实业部长，负责全省农林、工商、矿业等方面的事务。李四光上任后，不辱使命，开始四处奔走，谋划振兴实业的蓝图。3 月 5 日，根据南京临时政府内务部指示，将实业部改为实业司，李四光担任司长。

当时湖北省的金融、交通等重要领域仍处于英、日、德、美等列强的控制之中。同时，湖北官办企业的厂房和设备也因为战火和清军的焚烧而损失惨重。不少清朝旧官员在新政府任职，把持财政大权，使李四光在办事时遇到了很大阻力。

在内外交困的情况下，振兴实业是一项非常艰巨的任务。对于一个 20 多岁的年轻人来说，压力之大可想而知。所幸李四光颇有实业管理的学识和才能，他理清头绪后迎难而上，事必躬亲，废寝忘食，日夜操劳，以便尽快平复湖北各项实业所受的战争创伤。

为了有力扭转混乱的局面，他派人接管了原属清政府的各个实业部门，并设法让军队腾出占领的房舍，然后处理了一批贪赃枉法之徒。在实业司的大力宣传与扶持下，官办与民办的各类企业迅速恢复了生产。

李四光并没有因此而居功自傲，他和实业司的工作人员一起集思广益，尝试创建各科的附属产业，取得了一定成效。在他的努力下，湖北各项实业逐渐显现出一片生机。

然而，中华民国虽然成立了，但清政府还没有彻底倒台，袁世凯又手握重兵，使得尚不稳固的南京政权时刻面临被颠覆的危险。1912 年 2 月 14 日，孙中山被迫辞去中华民国临时大总统的职位，让位于袁世凯。

李四光坚决不会与袁世凯等辈同流合污，经过反复思量，上交了辞职报告。

赴欧改学地质

李四光眼睁睁看着民主革命的胜利果实落入旧军阀

手中，却无计可施，内心苦闷。冷静下来后，他重新审视了局面，心想自己“年龄还不算大，不如再读十年书，准备一份力量”。求知自强的心，又向他发出了召唤。

1913 年 7 月，李四光向政府申请了一笔奖学金，决定前往英国留学。

这次前往欧洲，李四光显然成熟了许多，变革的失败令他深为痛惜，而短暂的政治生涯也使他看透了当局的黑暗，更加理性地面对现实。当然，无论发生什么情况，无论身在何地，他报效祖国的坚贞信念始终不变，孙中山先生如慈父般的谆谆教诲——“努力向学，蔚为国用”言犹在耳，鼓励他坚定地踏上科学救国之路。

经过几十天的海上漂泊，李四光一行来到英国的首都——伦敦。伦敦是近代科学和工业革命的发源地，站在车水马龙、人头攒动的伦敦街头，李四光心如止水，因为他知道这一切浮华统统与他无关，他内心渴求的是能让国家摆脱贫弱的先进科学知识。

李四光首先去中国驻英使馆留欧学生监督处报到。当时留英学生大多选择理工科，李四光以前一心想要造船，但经过实业司的历练后，想法发生了一些改变。在他看来，采矿是包括造船在内的一切机械工业的基础，任何机械工业的发展都离不开矿业。因此，他决定改学采矿。考虑到自己英语水平一般，数理化水平也需要提高，他先考入伯明翰大学预科。

李四光之所以选择伯明翰大学，主要是出于两个考虑：一是从专业角度看，伯明翰大学的采矿专业在当时的英国比较有名；二是从经费角度看，这里的学习费用要比牛津大学、剑桥大学低一些。另外，伯明翰大学交通便利，校园环境幽雅，对于学习也大有益处。

在这里，他认识了比他小 4 岁，后来成为著名物理学家、剧作家的中国留学生丁燮林，两人很快成了好朋友。他们共同租住在学校附近的一间公寓里，在学习和生活上互帮互助。房东是一位英国老太太，待人热情，平日里他们跟着房东练习英语，三人相处得十分融洽。

为了尽快提升英语水平，李四光不管走到哪里，总是随身携带一叠报纸，或是一卷厚厚的书刊，一坐下来就阅读、抄写或思考问题。坚持一段时间后，他的英语水平有所提高，听说读写都已无碍，阅读了许多英国古典文学作品，还利用课余时间自学了德语和法语。

与此同时，李四光在数学方面也下了不少功夫。在日本留学时，由于课程多、时间紧，他的数学基础并不扎实，现在稍微有了闲余时间，他打算补上这块短板。每次演算习题，不管多么复杂难解，他都一定要算出最终结果。丁燮林有时主动要求给他讲解，他都婉言谢绝，坚持自己演算。因为他认为，只有勤于思考、自主完成，头脑才会越来越灵活，对知识的印象才会更深刻。

一年的预科学习快要结束时，李四光和丁燮林讨论各自的专业选择。丁燮林想学习物理，李四光不解其意，因为丁燮林一向喜欢文学，尤其热衷戏剧。丁燮林解释说："近代的一切科学技术都离不开物理，我确实喜欢文学，但这只能算是兴趣爱好，并不影响我学习物理。再说，我将来也可以做一个善于写话剧的物理学家嘛。"

李四光听了，越发欣赏这位同窗好友。这时，丁燮林问他："你决定学造船还是采矿？"

李四光坦诚地表示，这两样都不想学了。这下轮到丁燮林惊讶得瞪大了双眼："什么？这两样你都不学，那你准备学什么呀？"

李四光坚定地说："学地质！我逐渐领会到，造船必须要有钢铁，而钢铁自然要依靠采矿。可是，光学采矿还不够，首先必须知道哪里有矿藏。中国地大物博，但科学落后，如果我们不会自己找矿，又怎么可能采矿呢！"

丁燮林一脸钦佩地看着李四光，说道：“四光兄，有一点我一直很佩服你！”

“哪一点？”

“爱国！无论什么时候，你总是把国家的需要摆在第一位！”丁燮林说着，冲李四光竖起了大拇指。

经过仔细考量，李四光和丁燮林一起转入伯明翰大学本科，各自朝自己的目标奋发前进。

伯明翰大学的科学硕士

1914年8月，就在李四光转入伯明翰大学地质系学习期间，第一次世界大战爆发了。英国作为主要参战国之一，生产重心转向军事方面，民用物资日益短缺，紧接着物价大幅上涨，使中国留学生的生活陷入了困境。当时，英国高校由于经济萧条、经费骤减，为了维持学校的正常运作，不得不提高了学费标准。中国政府考虑到这一点，决定给在英国的留学生每人每月增发20英镑的学费，但这只是杯水车薪，不能彻底解决留学生面临的困难。

屋漏偏逢连夜雨。增发的学费尚无着落，中国驻英使馆又下达一纸公文，宣称供给留学生的费用将无限期往后拖延。这样一来，很多中国留学生无法继续学业，纷纷停学回国。丁燮林询问李四光是否打算回国，李四光坚定地说：“不回去，学业不成不能回，决不半途而废。”

从此以后，李四光在生活上更加节俭了，精打细算地安排每一分支出。由于煤源紧张，公寓里停送暖气，寒意逼人。夜里读书时，他把毛毯裹在身上，脚冻麻了就站起来跺跺脚，肚子饿了就喝水充饥。

为了解决生活和学习的费用问题，李四光在一位老师的指点下，利用放假时间到郊外的矿山找了一份下井挖煤的工作，这样既可以挣点钱，又可以初步了解英国的矿业。白天他和英国矿工在黑暗、阴湿的矿井里劳动，晚上则寄居在当地一个矿工家里。为了详细了解地层构造和地质情况，他总是到矿井的最深处、石层多的地方劳动。每次从矿井里上来，他浑身都是黑的，矿尘沾满全身。房东深为他的求知精神所感动，热情地招待他，给他准备换洗的衣服，做些可口的饭菜。而他也利用休息时间，给房东的孩子做飞机和轮船玩具，跟房东一家成了很好的朋友。

假期结束时，李四光头戴矿工帽，身穿劳动服，手里拿着小矿锤，与朝夕相处的英国矿工们拍了一张珍贵的照片。

为了方便出行，李四光到旧货市场买了一辆坏掉的摩托车，自己动手修理。同学们见了都连声称奇，李四光平静地解释道：“学地质不能光读书本。英国是近代地质和古生物学的发源地之一，这里曾经出现过像郝顿、史密斯和莱伊尔等举世闻名的地质学家，我想多去参观他们的地质标本展览。这里的地质现象，特别是煤矿蕴藏很丰富，我打算在假日到野外去考察考察。有了这辆摩托车，行动会方便一些。”

摩托车修好后，李四光一到休息日便骑着车东奔西跑，到野外去观察地形、考察地质，参观英国地质学家史密斯、莱伊尔、麦奇生等人的地质标本展览。

1917 年 6 月，伯明翰大学的学士考试日期临近。不巧的是，李四光腿上突然长了个疖子，异常肿大，而且痛得厉害，使他走路一瘸一拐，坐卧不便。老师和同学们都劝他去医院做手术，但他考虑到医疗费用高昂，而且看病时间太长，可能耽误考试，决定自己设法处置，这样既不耽误学习，又能把省下的钱用来买书。打定主意后，他将刮脸的刀片放在水里煮沸消毒，然后用刀片把疖子切开，挤掉里面的脓，再刮去患处的腐肉。在自行“手术”的过程中，他痛得脸色发白，青筋暴起，浑身直冒冷汗。包扎好伤口后，他就一瘸一拐地参加考试。身边的人都对他的顽强意志赞叹不已。最后的考试十分顺利，李四光如期从伯明翰大学取得了学士学位。而这个疖子因为没有得到及时、恰当的处理，差不多半年后才痊愈，还留下了一块无法消除的疤痕。

取得学士学位后，李四光继续攻读硕士。1919 年 6 月，李四光以精彩的表现完成了论文答辩，伯明翰大学授予他自然科学硕士学位。在授予学位文凭的庄严仪式上，导师鲍尔顿教授动情地说：“李四光，祝贺你以优异的成绩荣获自然科学硕士学位。”李四光手里拿着硕士文凭，真挚地对这位年近六旬的英国老教授说：“承蒙您的培养，首先应该感谢您！”

就这样，李四光凭借自身的努力，仅用两年时间就获得了硕士学位，这与他勤学不辍、奋发拼搏的精神是分不开的。

第四章 北大教书忙科研

1920年秋，李四光进入北京大学校园，正式担任北京大学地质系教授，并参与学校的一些管理工作。

祖国的召唤

1920年新年刚过，李四光从伯明翰出发，前往欧洲大陆进行地质考察。他先后考察了德国、法国的几个工矿区，登上了阿尔卑斯山，考察那里的冰川地形，还拍摄了不少照片为研究提供参考依据。

2月上旬，李四光来到法国首都巴黎。当时的巴黎是中国留学生的集中地之一。这些留学生大多是一边读书一边打工，生活比较清苦。李四光虽然是公费留学，但后面几年也不得不半工半读。他深知在这种情况下坚持学业是多么的不容易。

在巴黎中国留学生勤工俭学会的邀请下，李四光为留学生们做了演讲，真诚地鼓励了他们，并以自己为例，勉励大家不要被暂时的困难打倒。他的话说到了留学生们的心坎上，赢得了热烈的掌声。

在留学生活最艰难的时候，李四光仍然保持着乐观旷达的心态，注意劳逸结合。为了丰富业余生活，他还学会了拉小提琴。或许是因为心灵手巧，他很快便掌握了高超的演奏技巧。这次在巴黎，他用随身携带的一张8开12行的五线谱纸，谱写了共计5行19小节的小提琴曲《行路难》。这次率性而为的创作，可谓无心插柳柳成荫，竟成为中国人创作的第一首小提琴曲！李四光回国后曾把它拿给音乐家萧友梅过目，请她提出改进意见。

“多年奔走空皮骨，信有人间行路难。”袁世凯窃取了辛亥革命的胜利果实后，空有满腔抱负却无用武之地、只能出国寻求救国之道的李四光，在英国待了7年，发现国内依然是军阀混战，老百姓生活在水深火热之中。这首《行路难》是他当时心情的真实写照，也与他本人的境遇相符合，低沉的主调中带着高亢和悲愤的强音。

这首小提琴曲完稿于1920年，但在近80年后的北京大学百年校庆晚会上才首次公开演奏。曲子的手稿现藏于上海音乐学院图书馆，该学院的作曲系教授陈钢认为："最可贵的是乐曲立意深邃，行路难，这真是中国知识分子苦难历程的一个大概括！"

离开巴黎后，李四光辗转来到瑞士，深入考察了阿尔卑斯山。近百万年以来，欧洲经历了几次大冰期，阿尔卑斯山区形成了很典型的冰川地形，是欧洲最大的山地冰川中心。这里的很多山峰峻峭挺拔、山石嶙峋、角峰锐利，还有很多冰川侵蚀作用形成的冰蚀崖、冰斗、悬谷、冰蚀湖等，以及冰川堆积作用形成的冰碛地貌。面对如此丰富多彩的冰川地貌，李四光异常兴奋。他拍摄了许多照片，对他后来研究中国第四纪冰川期起到了重要的参考作用。之后，他又深入莱茵谷地进行考察，接着到达德国柏林，除了学习德文以外，主要考察一些典型的地质现象，察看战后景况，其间还经人介绍加入了德国地质学会。

同年秋末，李四光收到了从伦敦转来的聘请电报。电报中，北京大学校长蔡元培说国内的"民主与科学"运动正蓬勃发展，希望李四光能尽快回国到北京大学地质系任教。

其实，李四光早在从伯明翰大学硕士毕业时，面对导师鲍尔顿教授让他留在英国继续学习的建议，就表达过想回国的意愿。他说："教授先生，我是中国人，要理所当然地把我所学的全部知识奉献给我亲爱的祖国。现在我的祖国和人民还在贫困中挣扎，我应当回去，用我的知识为改变中国旧貌尽一点力，实现我当初的誓言。"

收到蔡元培的电报时，李四光对北京大学还不够了解，于是从德国给刚从北京大学毕业到英国伦敦留学的傅斯年写信，询问北京大学的情形。傅斯年立即回信如实转告。

从傅斯年的回信中，李四光得知北京大学是"五四运动"的摇篮，对蔡元培和北京大学的全体教职员工都产生了由衷的敬意。他倍感振奋，认为回国的时机已经成熟，决定接受北京大学的邀请。他随即停止了在欧洲的地质学术考察，收拾行李回到伦敦。喜讯接二连三传来，刚到伦敦，他就收到消息，原来丁燮林和王世杰也收到了北京大学的聘书，分别受聘于物理系和法律系，于是三人一同筹划回国事宜。

“创业教授”

1920年5月，李四光、丁燮林和王世杰从伦敦出发，经巴黎、柏林、莫斯科、西伯利亚回到了北京。

回国后，李四光先回老家探亲，7年未见，父母愈发苍老，弟弟妹妹们也已长大成人。家人见他回来都喜上眉梢，认为他给李家争了光，也是同辈人的榜样。这让李四光心里既愧疚又感动，愧疚的是，这些年来他对家人的照顾实在太少了；感动的是，家人始终给予自己无条件的理解和支持。

1920年秋，李四光进入北京大学校园，正式担任北京大学地质系教授，并参与学校的一些管理工作。

北京大学校长蔡元培和李四光一样，也是中国同盟会的成员，并且在孙中山领导的南京临时政府担任过教育总长，在中华知识分子群体中有很大的影响力。在学生心目中，蔡元培既是一位平和敦厚的长者，也是一位德高望重的教育家。李四光很敬佩这位推崇思想和学术自由的教育家，以后他们将携手共建北京大学，可谓珠联璧合。

李四光初到北京大学时，国家仍处于北洋军阀统治时期，但是在蔡元培“兼容并包”的教育思想指导下，北京大学掀起了改革求新的浪潮，处处洋溢着科学与民主的气息。李四光认为，这样的精神与氛围是办好先进教育的重要前提，虽然北京大学的师资条件、硬件设施都无法与发达国家相比，但是他坚信，只要继续保持奋发向上的精神和朝气，终有一天北京大学也会成为思想活跃、学术兴盛的知名学府。

当时北京大学地质系刚成立不久，师资力量薄弱，条件简陋。其所属的理学院设在和嘉公主府夹道往西的马神庙街，院落里杂草丛生，一片荒凉，教室和办公室也都破旧不堪。李四光来到学校后，蔡元培与学校相关负责人陪他一起参观校园，担心他嫌这里寒酸，影响他的教学情绪。其实李四光一点也没有介意，他已经做好了白手起家的思想准备，还向蔡元培提议整修院落，给学生们创造一个良好的学习环境。

蔡元培见李四光这么通情达理，高兴地说：“李先生留学多年，可以说是见多识广，这事就有劳了，有什

么困难尽管找我。”

此时李四光还没有成家，与丁燮林、王世杰租住在地安门东吉祥胡同。没有家庭的顾虑，他完全把学校当成了家，浑身充满干劲。为了改造理学院，李四光查阅了很多资料，反复构思，还绘制了相关图纸。随后，他带领全系学生一起动手，在院子中间建起一座一米多高的圆形石台，上面放置一架造型别致的日晷——中国古人利用太阳投射的影子来测定时刻的装置。石台四面各刻着一句话，分别是“仰以观于天文”“俯以察于地理”“近取诸身”“远取诸物”。这些醒目的话语点出了地质系的特征，使院落中洋溢着浓郁的学术氛围，时刻提醒师生发扬进取精神。石台周围用碎石子铺了几条小路，分别通往院门、教室和礼堂等地方，小路两旁种植了成排的冬青和刺柏。

李四光知道，外部环境的美化是一方面，但对学生来说，内部设施的改造更重要。他将庙里的大殿改造成大讲堂，桌椅改成统一的样式，摆放整齐，还添加了实验设备。为了方便学生洗浴，他还把几间破旧的斋房改成浴室，定期开放。

当时地质系的专用实验室只有40多平方米，分成里外两间，外间是矿物实验室，摆放矿物和晶体标本；里间是岩石和古生物实验室，摆放岩石和化石标本。实验里只有3台显微镜，而每次上课，一、二年级的学生加起来有30多人，每个人只有两三分钟的观察时间，大大影响了教学质量。李四光为此到处筹措资金，并多次找校长蔡元培，提出一系列的计划和建议。蔡元培很重视李四光的意见，承诺设法解决。

李四光深知经费来之不易，因此号召师生们爱护系里的一草一木，尽量将每一分钱都花在刀刃上。经过各方共同努力，地质系的建设初具规模，为日后的教学和科研工作打下了良好的基础，李四光也因此得到了一个雅号——以校为家的“创业教授”。

培养地质人才

李四光远渡重洋留学，为的是科学救国，如今他从海外归来从事地质教学工作，也是出于同样的目的。留学和早年从事实业管理的经历，使他深刻认识到中国的自然科学还有很长的路要走，尤其是地质科学水平，与发达国家仍有很大差距。中华民族要想尽快走向复兴，除了要改社会制度，还要改革教育观念和教学方式，以培养造就大批科学人才。

李四光到地质系后，每周授课23小时，并指导学生实习。他对学生要求很严格，尤其注重基础知识和基本功的训练。在他的课上，从来不是“老师只管动嘴，学生只能动耳”，他坚持教师只是指导者，在讲授必要的知识后便在课堂上展开讨论，让学生利用标本、图例、仪器进行观察分析，以便得出准确的结论。他要求学生做研究工作时先看实物标本，而不是先查阅外国参考书，免得先入为主，处处受他人思想的束缚。

在组织学业考试时，李四光从不因循守旧，学生们常常猜不出他要考什么内容。他第一次组织考试时，学生们按照以往的习惯，根据教学大纲进行针对性的复习。然而，出乎大家意料的是，这位李教授居然没有发考卷，只在黑板上出了两道闭卷考试题目，一下子就把学生们都给难住了。

为了了解学生的学习进度及对知识的掌握程度，

在讲授岩石学时，李四光每隔一段时间就小考一次，而他最常用的考试方式是发给学生几块不同类别的岩石标本，让他们自行观察研究，按照标本编号写出标本的正确名称、矿物成分、生成条件、与哪些矿产有直接联系等。如果平时不重视实验观察和野外实践，根本不可能做出正确的解答。

刚开始的时候，学生们很不适应他的做法，私下里埋怨李四光不按常理出牌。但渐渐地，学生们都体会到了李四光的良苦用心，明白只有这样才能把学到的知识转化为能力。在李四光的启发下，学生们对各种各样的石头产生了很大兴趣，实验室里的岩石标本一天天多了起来。

地质教学离不开实践，需要学生走出课堂到野外实习。李四光认为，野外作业是提高学生个人综合素质与培养实际工作能力的关键步骤，也是考察地形、地貌和地质结构的基本途径。因此，他不辞劳苦地带领学生外出上课，登高山、下矿井，边看边讲，还不断提出问题，提高学生的观察兴趣。他要求学生们实际测量各种地层的层序、走向、倾角、断裂方位等，并将其记在野外观测本上。岩石、矿物、化石都要采集标本、注明地点。每次野外归来，学生们都自觉地背回很多有价值的岩石标本，之后归类整理，贴上标签，陈列在实验室里。

有一次，李四光带领学生远赴西山的杨家屯煤矿实习，晚上师生们回到驻地，高年级学生杨钟健还背回一块含有植物化石的大石头，兴奋地把它放在李四光面前。李四光见了十分高兴，当场妙用陶渊明《归田园居》中的诗句打趣道：“你这该是‘带月荷石归’啊！”引得大家开怀大笑。

杨钟健从北京大学地质系毕业后，想去德国留学，于是写信征求李四光的意见。当时中国对于古脊椎动物的研究还很落后，李四光建议杨钟健选择古脊椎生物专业，还为他介绍了导师。后来，杨钟健成为著名的古生物学家。他在著作《李四光老师回忆录》中，感慨自己一生的工作和李四光的指点是分不开的。

在同学们眼里，李四光是一位难得的良师益友。在许多次艰苦的野外实习中，他们毫无怨言地跟着李四光，奔赴华北平原开展各项考察，即使一个山头、一条沟谷、一堆石子、一排裂缝也不放过，而且自发形成了主动提出问题、互相讨论的学习氛围。

据统计，北京大学地质学系将近 20 届学生约有 200 人上过李四光的课，其中不少人后来成为地质领域的知名专家或学者。不少人和杨钟健一样，在中华人民共和国成立后继续致力于地质科学研究，并取得了卓越的成就。从1955年中国科学院设立学部委员（现称院士）至1980年，共有21位院士曾师从李四光，这也是李四光为我国地质科学和地质事业做出的重要贡献。

温馨家庭助科研

到北京大学任教后，李四光废寝忘食，将精力全部投入科研、教学和教务中，不熟悉他的人难免会认为，除了教学和科研，他似乎没有其他爱好和情趣，生活中大概是个单调乏味的人。

李四光醉心于科教事业是事实，但要说他除了教学和科研没有其他爱好，那就大错特错了。实际上，他的爱好非常广泛，在英国留学时就学会了拉小提琴，能够熟练演奏贝多芬等音乐大师的名曲，更被传为一时佳话的是，他对音乐的爱好还机缘巧合地成了他的“媒人”，帮助他找到了人生伴侣。

1920 年，我国部分地区发生严重的自然灾害，很多学生和教授主动募捐，举办赈灾演出。李四光准备的节目是小提琴独奏，可是没有人伴奏。经朋友介绍，他请来北京女子师范大学附中的音乐教师许淑彬，为他做钢琴伴奏。

许淑彬是江苏无锡人，比李四光小 8 岁，她的父亲许士熊曾在中国驻英大使馆工作，回国后担任教育部秘书。许淑彬从小跟随母亲住在外婆家，在上海一所中学读书，英语、法语和音乐成绩都很出众。毕业后，她陪母亲来到北京，在北京女子师范大学附属中学担任英语和音乐教师。

在台上，李四光和许淑彬的演奏可谓知音相遇，配合默契。小提琴旋律优美，娓娓动听；钢琴伴奏婉转和谐，把小提琴烘托得恰到好处。琴声沉寂后，场下一片掌声，演出十分成功。

这次演出也是两人恋情的开始。演出结束后的一段时间，他们经常见面，对彼此的了解越来越深。但李四光教务繁忙，上午给学生上课，下午指导学生做实验，晚上还要进行相关研究，周末一般是带学生去野外实习。

赈灾募捐演出

为了保持联系，李四光每个星期都写信给许淑彬，与她分享自己在野外考察的见闻和收获，有时还把自己带领学生做野外工作的情况写成诗。就这样，二人之间的感情愈发浓厚。

1923 年 1 月 14 日，34 岁的李四光与许淑彬在北京租来的房子里举办了简单的婚礼。婚礼由蔡元培主持，宾朋满座，纷纷举杯向新人致意祝福。

同年 10 月 31 日，许淑彬顺利生下了一个可爱的女儿，取名熙芝。熙芝一周岁时，李四光答应妻子星期天一起带女儿去颐和园玩。到了星期天早上，当许淑彬带着女儿兴高采烈地准备出发时，李四光突然想起学校还有件事急需处理，于是跟她们道了个歉，直奔学校而去。许淑彬既失望又无奈，只能自己带着女儿去了颐和园。李四光到学校办完事后，又骑着自行车匆匆赶到颐和园，但许淑彬和女儿已经准备回家了。

有一次，李四光到野外考察带回几块石头，由于来不及回学校，就先放在家里。几天后，他打算对岩石标本做鉴定，结果发现石头少了一块，连忙去问许淑彬。许淑彬漫不经心地说："不都在那里放着吗？"

李四光听了又重新数了一遍，发现还是少了一块，而且是最大的那块。这时，许淑彬才哑然失笑道：“噢，那块大石头呀，入秋时我把它拿去压酸菜了！”

李四光顿时焦急万分，这些石头都是他辛苦采集的宝贝。他说：“哎呀，你怎么能这样呢？快拿过来！”

但许淑彬支支吾吾地没有动，原来，她用完那块石头后，就随手扔了。李四光正要发火，但看着许淑彬那歉疚的样子，又努力克制自己的情绪，只怪自己没有事先说明、没有保管好。

为了鉴定岩石标本，赶写论文，李四光经常工作到深夜才回家。一天晚上，他到家时已是半夜，家里静悄悄的，妻子和女儿已经入睡。他蹑手蹑脚地走到卧室看看妻子和女儿，只见被子有一半掉在地上，便想过去帮妻子盖好，结果发现妻子并不在床上。他连忙开灯，只见床上有个包裹，里面包着的正是自己丢失的岩石标本。他知道，这是妻子对自己忙于工作、不顾家庭的无声抗议。第二天一大早，他便找许淑彬认错，终于得到妻子的原谅。

这次风波过去以后，李四光对许淑彬体贴了很多，每天下班回到家就帮忙照顾女儿。他经常坐在桌子前，一手抱着女儿，一手写论文。半夜女儿醒了要喝奶，他为了让妻子多休息一会儿，总是自己起来给女儿冲奶粉，然后再把女儿哄睡。许淑彬也意识到了自己的过错，不再随意乱动李四光的标本，对李四光的工作给予了最大的理解和支持。

一个星期天，李四光一早起来就开始查阅资料，连早饭都顾不上吃。中午，许淑彬领着孩子回来，发现他的早饭还原封不动地摆在那里，既生气又心疼。李四光忙解释道："早上的饭凉了，所以没吃。"许淑彬无奈，只好把早饭热了一遍，亲眼看着李四光吃完才放下心来。看着李四光没日没夜地做科研，许淑彬大受感动，在生活上更加体谅他，经常带着女儿到实验室送饭，并帮他做些力所能及的事情。

有一次，李四光在学校的暗室里冲洗照片，红光印在他的脸上，将他的身影投射到玻璃上，形成了一个人物剪影。这时，许淑彬带着女儿来给他送晚饭。女儿看见红玻璃窗上有个人影，就好奇地趴过去看，不料头碰到玻璃上，痛得她大叫起来，把屋里的李四光吓了一跳，他头也没回地大声说道："谁家的孩子呀？这么晚了还不回家，你父母会着急的！"

过了一会儿，许淑彬抬手敲门，李四光打开门，熙芝一下子扑到他的怀里，撒娇地问："爸爸，我是谁家的孩子呀？"

李四光顾不得吃饭，让许淑彬帮他把冲洗出来的照片剪下来，贴到本子上。这时熙芝也跃跃欲试，嚷着要帮忙，李四光便把她抱到桌前，拿起一张照片，教她怎么剪。就这样，李四光负责洗照片，妻子和女儿则边剪边贴。一家三口在红色灯光的映照下，幸福地忙碌着。

这样的日夜，不知有过多少个，它们见证了一家三口互助互爱的温馨时刻。

石头里的虫子

我国北方煤炭资源比较丰富，而煤炭的开采和利用对于国家的繁荣有着重要意义。为了实地了解我国煤炭资源的分布情况，李四光到北京大学的第一年秋天，便带领一些学生到河北省南部的六河沟煤矿进行野外实习。他把备课、讲课，以及带学生实习，当作实践的极好机会，不断积累资料，思考和研究问题。后来，他们又去了山西、河南、山东等地进行煤田地质调查。

有一次，有个学生发现了一块外表普通却带有光泽的石头，拿到阳光下一照，还看见里面有条虫子，于是马上把石头交给李四光。李四光对着阳光仔细观察辨认，初步判断里面的虫子很像被外国人称为纺锤虫的生物。

学生们都一脸茫然，李四光问道："大家知道纺纱吗？"学生们点点头，李四光接着往下说，"纺纱用的纺锤，两头尖，中间大。这块石头里的虫子也是如此，只不过它特别小，不易分辨。日本人根据它的形状，称它为纺锤虫。"

"这种虫子怎么会跑到石头里去呢？"学生们不解地问道。

"这叫生物化石。纺锤虫是亿万年前的一种单细胞生物，主要生活在海水侵蚀过或者低洼的地层里，靠丝状伪足伸缩爬行。后来，由于生存条件恶化，纺锤虫大批死亡，最终灭绝。在漫长的地质年代中，有些纺锤虫的尸体被夹进石块中保存下来，变成了我们现在见到的这种化石。"

学生们一听这块石头里面竟有这么多学问，顿时兴趣大增，争相传看这块稀罕的石头。在传看的过程中，有学生问李四光：“研究这种化石有什么用处呢？”

李四光耐心解释道：“根据国外的资料，这种化石有很多种类，对这些不同种类的纺锤虫化石进行比较，可以准确地划分各种不同地层的先后顺序，从而为开发地下资源提供依据。比如，这种化石出产的地层，藏煤量十分丰富，如果能鉴别出不同化石的种类，就可以知道煤炭在地下埋藏的情况。”

之后，李四光开始了中国最早的对这类化石的研究。不过，他认为“纺锤虫”这个名字不够严谨。中国古代把纺箪叫作“筳”，根据纺锤虫如蜗状之筳的壳架结构性特征，他将其命名为“筳科”，之后又在“筳”的前面加上“虫”字旁，定名为“蜓科”。

为了搜集蜓科化石，李四光带领学生频繁奔波于山野、煤矿。由于交通不便，经费又有限，大多数时候他们都是步行，只有仪器设备较多时才雇几头小毛驴。每次回来，他们都肩扛背包，包里装着沉甸甸的石头。

找到石头只是万里长征的第一步，因为这种生物极为微小，肉眼只能看到外壳，要研究其内部结构，不仅需要将标本从不同方向切成薄片，还要磨到不到 1 毫米的厚度，再放到显微镜下观察分析，才能从中辨别古生物体的内部结构形态。当时研究设备简陋，想要得到理想的切面很不容易，但李四光没有知难而退，而是在这项既烦琐又艰难的研究工作中，积极寻求解决方法。

当时薄片制作室里有一位姓朱的师傅，是李四光的得力助手。朱师傅把石头放到金刚石切刀上，将石头磨成薄片，再用铺着金刚砂的磨盘进行打磨，将石片磨到一定程度，再由李四光磨到标准厚度。薄片的厚度要求精细到 0.03 毫米，能完全透过光线。这种厚度当时并没有工具可以测量，只能依靠经验和技术。李四光总是边磨边看，磨一磨，再看一看，然后再继续磨，如此反复，直到满意为止。为了磨制从太原西山地区采集的太原统含类化石标本，他经常工作到凌晨，亲自制作 2000 余张薄片。

有一次，李四光为了磨制化石，从早上一直忙到傍晚，这时他才想起自己还没有吃午饭，便拿出干馒头吃完骑车回家。许淑彬见他又这么晚回家，正要抱怨两句，但一看见他脸上黑一道白一道，像戏台上的大花脸，不由“扑哧”一声笑了起来，心疼地埋怨道：“这一整天，你是不是演戏去了？”

李四光一脸茫然，不知道妻子为什么这么说。许淑彬乐道：“你去照照你的脸。”

李四光走到镜子前一照，自己也忍俊不禁。

就这样，李四光每天早出晚归，废寝忘食地研究蜓科化石，终于从显微镜中清晰地看到了化石的内部结构，那是一些蜂窝状的小格子。根据小格子的排列不同，李四光鉴别它们不同的种属，判定出它们的进化阶段，确定蜓科最初是出现在石炭纪初期，曾广泛分布于世界各地，种属繁衍甚多，到二叠纪末期绝迹。我国石炭二叠纪地层分布很广，是世界上主要分布地区之一。

鉴于李四光的科研创举，1931 年，英国伯明翰大学授予他自然科学博士学位。此时李四光正在国内工作，无法专程去领取文凭，而请人代领文凭则要花 18 英镑买一套博士服和学位帽，李四光认为自己做研究工作不为名利，本想作罢，最后还是许淑彬汇去 18 英镑请人代领，博士文凭才得以寄回中国。

第五章 中国地质先锋

经多方努力，由李四光亲自选址、设计，并聘请建筑师杨廷宝监盖的中央研究院办公大楼，于 1933 年秋在南京鸡鸣寺路上落成，地质研究所终于有了固定的所址。

创办地质研究所

1928年6月，国民政府成立了全国最高的综合科研机构——中央研究院，由蔡元培担任院长。首批筹建的研究机构有4个，包括社会科学研究所、理化实业研究所、地质研究所和观象台。经蔡元培推荐，李四光离开北京南下，主持地质研究所的筹建工作。

第二年，在多方的共同努力下，地质研究所正式成立，李四光任所长，同时兼任北京大学教授。这段时间，他往返于南京和北京之间，指导和协调两地的地质科研工作。

刚开始，地质研究所的条件异常简陋，连固定的办公场所也没有。当时国民政府刚刚建都南京，机关众多，资金和房舍都十分紧张，地质研究所只能暂设于上海，在闸北宝通路租用民房作为办公场地。

临时解决了办公场地后，李四光明确提出地质研究所的研究方向：“本所的研究工作，应特别注重讨论地质学上之重要理论，目的在于解决地质学上之专门问题，而不在于获得及鉴别资料。”为此，他强调本所的地质研究工作必须理论联系实际，对“野外调查是研究地质之根本”的原则毫不含糊。为了减少同一地区的资源浪费，他还加强与其他地质部门的协作关系，要求派出调查人员之前应与国内其他地质机关协商。

但是，由于没有固定的办公场所，地质研究所终究免不了奔波之苦。因经费原因以及战争的影响，到 1932 年迁至南京之前，地质研究所几乎年年搬家，从闸北的宝通路到霞飞路、沪西的曹家渡小万柳堂，再到中国科学社的明复图书馆……回忆起这段经历，李四光感慨道：“隔不了多久，几个人又要扛着‘地质研究所’的招牌，在上海的马路上跑来跑去。”

经多方努力，由李四光亲自选址、设计，并聘请建筑师杨廷宝监盖的中央研究院办公大楼，于 1933 年秋在南京鸡鸣寺路上落成，地质研究所终于有了固定的所址。在中央研究院总干事杨铨的大力帮助下，地质研究所还添置了图书资料、仪器等必备设施。办公大楼里设置了几间陈列室，达200～250平方米，李四光规定，“凡研究人员在各省采集之矿物、岩石及化石标本，均择其较为完好者陈列于此”。

有了房舍和仪器，第二步就要健全科研队伍，明确各个岗位的工作职责。在李四光的努力下，所内的人员和机构都非常精简，除了秘书徐厚甫以外，还包括8名专职研究员、1名兼职研究员、4名特约研究员、11名助理员、2名绘图员、1名图书管理员兼庶务员和2名文书。后来，人员略有变动，但是总数量大体相同。基于发展需要，他又设立了综合性的古生物实验室。

对于人员的聘任，李四光的要求十分严格。他认为，选拔人才要重视学识，更要强调个人品德。除了聘请有贡献的地质学家作为兼任研究员或特约研究员以外，他一般选择年轻有为的研究人员，将工作需要与个人专长结合起来安排岗位，使每个人都能充分发挥自身优势，力求做到人尽其才。例如，朱森负责地质构造研究，斯行健负责古植物研究，孟宪民、张更负责矿床研究，舒文博负责岩石研究，叶良辅、喻德渊负责火成岩研究，李捷、张祖负责区域地质研究，俞建章负责头足类及珊瑚研究。

李四光对研究人员一视同仁、关怀备至，对他们的工作要求严格，毫不含糊，不容许有半点懈怠。为了做好管理工作，他建立了严格的规章制度，奖惩严明。在考勤方面，研究人员每天必须如实填写上下班时间和工作简报，并交给秘书存档，作为个人的业绩考核依据；在工作方面，研究人员每次从野外考察回来，李四光都会亲自与之谈话，审查其带回的标本、鉴定结果和调查报告，以验证结论是否正确，然后做出相应的学术评估。

李四光还很重视研究人员的培养、深造工作。他认为，地质科学是一门世界科学。因此，对于有前途的研究人员，他总是设法创造条件，派他们到世界各地访问考察，如俞建章、朱森、张更、陈旭、斯行健等人曾前往英国、美国和德国进行学术交流。

在李四光的倡导下，“地质研究所同人半月会”成立了，这是一个学术交流组织，每隔一周的星期六下午举行内部学术演讲，讨论地质学相关问题。为了交流科技成果，他还让人将比较优秀的专题论文编成中文集与西文集小册子印刷出版，后被中央研究院评为全院刊物的标准。

地质科学的特殊性在于要想判断现在的某项研究，需要参考以前发表的各种资料和以前搜集的古生物标本做对比研究。因此，古生物标本和文献资料必不可少。李四光对此非常重视，担任所长后，他带领学生和研究人员常年奔波于野外，精心搜集生物标本，使这方面的资料越来越丰富、全面。

为了搜集相关的理论书籍，李四光还利用到欧洲讲学、参加学术会议的机会，自费购买地质学、古生物学的二手书籍。当时的地质学术中心在欧洲，很多理论书籍也是由欧洲专家撰写的，李四光每到一处，总会大量购买市场上的二手书籍，还导致某些学术专著一书难求。

购买二手书籍几乎耗费了他所有积蓄，但李四光心甘情愿。如今，已是世界三大古生物研究中心之一的中国科学院南京地质古生物研究所内，古生物专用图书馆里的很多专业书籍，都是他历尽艰辛从欧洲带回来的。除此之外，标本馆内也存有他采集的大量古生物标本。李四光不计个人得失，一心为国的爱国主义精神令人敬佩！

1928—1948 年，整整 20 年，李四光一直和地质研究所同呼吸、共命运，这20年是他生活最清苦、工作最劳累，也是科研成果最丰硕的20年。

共建武汉大学

1928年5月，南京国民政府大学院决定在国立武昌中山大学的基础上，建立国立武汉大学。这也是大学院院长蔡元培推行大学区建设的方案之一，他认为在中部建立一所国立大学有助于中部地区高等教育事业的发展。8月，新校舍建筑筹备委员会成立，李四光任委员长。

很快，武汉大学的选址工作开始了。在李四光心目中，大学校园应该有山有水，动静相宜，才能够启迪人的灵性。叶雅各是林学家，对武昌郊外的地理环境比较熟悉，认为“武昌东湖一带是最适宜的大学校址，其天然风景不唯国内各校舍所无，即国外大学亦所罕有”。于是，李四光和叶雅各带着干粮，骑着毛驴，到东湖一带进行实地考察，最后看中了东湖之滨、远离闹市、山丘起伏的罗家山一带。

罗家山过去是坟山，主人姓罗，故名罗家山。此时，周遭荒山野岭，一片凄凉。后来，武汉大学文学院院长闻一多给罗家山换了一个韵味无穷的名字，也就是一直沿用至今的“珞珈山”。

校址定下来后，由于罗家山及其附近都是荒山田野，交通极其不便，需要修筑一条专用公路连接街道口，但又遇到一个问题：修路需要迁坟。当时，民众认为迁坟祸及祖先，于是涌现出了强烈的反对声，很多人到省政府请愿，力陈“祖坟山不能建大学”。省政府迫于压力，要求武汉大学停工，另选新址兴建。

这时，教育部任命王世杰为武汉大学首任校长。王世杰的目标是将武汉大学办成一所拥有“文、法、理、工、农、医”六大学院的综合性大学，规模在万人以上。他和李四光一致认为，若不在罗家山建大学将愧对后人。最终，在李四光、王世杰等人的共同努力下，此事终于得以圆满解决。

为了将这个湖光山色、风景如画的地方建成一座别具一格的校园，李四光亲赴上海，请来国际一流建筑师凯尔斯担任新校舍的建筑工程师。凯尔斯精通中西建筑，对中国文化十分熟悉，曾为清华大学做过设计。在罗家山实地考察后，凯尔斯认为这一带山势缓和、水源充足，山石、泉水、湖水均可就近取用，新校舍若依山而建，还可以大大节省地基和石料。为了尽快做出设计图，他每天在山上实地观察，有时在一个地方一站就是几个小时。半年后，设计图终于面世。凯尔斯巧妙利用罗家山、狮子山一带的地形，以北京故宫为蓝本，完成了武汉大学新校舍的设计工作。

1931 年 10 月，新校舍第一期工程竣工。次年 5 月 26 日，武汉大学举行新校舍落成典礼。在典礼上，王世杰动情地说："12 年前，我和李四光在回国途中曾经设想，要在一个有山有水的地方建设一所大学。今天，这个愿望实现了！""本校的工程，尚只完成一半。我们的建设不仅是物质的建设，还是精神的建设，无论在学术建设方面还是在文化事业方面，我们都在努力。请大家看看我们所走的路是不是中华民族的出路，是不是人类向上的路！"

李四光也到场表示祝贺。第二天，他为武汉大学师生做了学术演讲，并为毕业纪念刊题词："用创造的精神和科学的方法求人生的出路。"

此后，李四光每次来武汉大学，都会利用晚上的时间，在理学院的阶梯教室为师生们做学术演讲。演讲的内容十分广泛，大部分取自他研究的课题，如“庐山冰川问题”“东亚恐慌中中国煤铁供应问题”等，从来都是言之有物，满怀忧国忧民之情。

探寻第四纪冰川遗迹

在地球的发展史上，总共经历了3次冰川运动时期，分别是6亿年前的震旦纪冰川期、2.5亿年前的石炭二叠纪冰川期和200万年前开始的第四纪冰川期。19世纪以来，德国、美国、法国、瑞典等国的地质学家到中国来勘探矿产，考察地质后，一致认为中国不存在第四纪冰川，主要理由是：中国广大地区在晚近地质时期是一片干冷的沙漠，温度偏低而降雨量较小，不可能发生第四纪冰川。因此，长期以来，中国没有第四纪冰川存在几乎成为定论。

为了还原中国地质历史的真貌，多年来，李四光一直在探究中国地质是否存在第四纪冰川这个重大课题。

1921 年春，李四光带领学生到邢台南部的沙河县进行野外考察。一天上午，他们横穿沙河盆地向东南行进，远远望见一座外貌圆滑的小山孤立于平地上，从地图上看，这座小山叫沙源岭。走近小山后，李四光发现地面上有一些如小房子大小的大石头，跟他小时候在家乡见过的那块巨石极为相似。

他停了下来，心想：这几块大石头是从附近的大山上滚下来的吗？可附近并没有裸露的基岩，也滚不了这么远。那么，是洪水的作用吗？可洪水不可能将这么大的石块冲到这么远的地方。到底是怎么回事？他脑子里突然闪过一个念头：有没有可能是冰川作用？如果是冰川作用的堆积物，那很有可能在堆积物中找到冰川条痕石。

他把学生们召集到那些大石头跟前，认真观察起来，结果发现在这些石头的磨光面上，有一些不太明显的擦痕。而在一块半掩半露的巨石平面上，他们发现有 3 组不同方向的清晰痕迹。这些擦痕意味着什么呢？学生们一时都摸不着头脑。

他们继续往前走，越过一条小河，来到一座山神庙

附近，又看到了巨大的石块。李四光心里的疑团解开了，兴奋地说："冰川遗迹！这就是存在第四纪冰川的证据啊！"

学生们一听都十分惊讶，不约而同地把目光集中在李四光身上，其中一个学生抢先问道："老师，您是说咱们中国也有第四纪冰川吗？"

"没错！"李四光语气坚定地说，"眼前这就是一个有益的启示。"

学生们七嘴八舌地讨论起来，有的说地质史上没有这方面的记录，外国权威科学家已经得出相反的结论；也有的说外国科学家考察范围有限，他们的结论不一定正确。最后，学生们又纷纷看向李四光，想听听他的意见。李四光环视一圈，很满意学生们的探索精神和求知欲望。他和蔼地说："科学研究需要大胆怀疑、实事求是、坚持真理。没有怀疑就不会有发现，就只能永远跟随别人、循规蹈矩。发现是怀疑的基础，发现便是事实。对于事实的思考为求是，求是为真理，对于真理一定要坚持。"学生们听了李四光的话，豁然开朗。

可以说，这次考察发现的几块石头，正是李四光建立中国第四纪冰川学说的起点。

1921年六七月间，李四光带领学生来到山西大同盆地进行煤田地质考察。在这次考察中，他又有了新的收获。在大同盆地西南约20千米的口泉附近，他们发现了一条东西走向、长达数公里的山谷，宽度比较均匀，谷身的横切面呈“U”形。山谷里散布着许多片麻岩、玄武岩、火成岩等巨大石块，但谷地及两侧均为砂岩。这些石块显然是来自别的地方，李四光断定这是冰川U谷，还在石块上面发现了许多明显的擦痕。

这次发现使李四光更加坚定了自己的想法。1922年1月，他根据两次观察到的现象，提出探讨意见，写了一篇题为《华北第四纪冰川作用的遗迹》的报告，发表在英国《地质》杂志上。文中指出，根据以往的资料，地质学家们认为整个华北在晚近地质时期沙漠广布，倾向于否定大冰川存在的可能。但是，“任何为了搞清这个问题的尝试，都必须在野外进行”，而非理论思辨。

第四纪冰川是个重大而敏感的话题，李四光这篇带有挑战性的文章使地质学界的学者们敏锐地察觉到他是在质疑德国地质学家、柏林大学教授、校长和柏林国际地理学会会长李希霍芬。李希霍芬曾花4年时间在中国14个省区进行地质调查，走遍了大半个中国，著有《中国》3 卷专著，其中并未提及中国有冰川遗迹。中外学者一直将其专著奉为经典，深信不疑。面对李四光的质疑，人们还是选择相信李希霍芬的观点。

李四光并没有因此而灰心丧气，他深知如果没有充分的证据，根本不可能推翻外国学者的定论。因此，他决定先从改变国内地质学界的看法做起。

1922 年 5 月 26 日，在中国地质学会第三次全体会员大会上，李四光又以《中国第四纪冰川作用的证据》为题，做了一次精彩的学术演讲。他认为晚近时期的华北曾发育过冰川，证据就是在河北、山西两地发现的冰川遗迹。李四光的观点得到了丁文江、翁文灏等老一辈地质学家的大力支持。

当时，瑞典地质学家安特生也出席了这次大会，他对李四光的演讲报以冷笑，当着李四光的面拂袖而去。安特生作为北洋政府农商部顾问，在中国地质界颇有影响力。中国的一些地质学家紧随其后，也开始冷嘲热讽道："这么多年，我们都没有发现中国有冰川，而李四光教授出去转了转，就发现了……"

中国有无冰川的争论由此开始。李四光知道，要改变科学研究中的成见并不容易，只能用无懈可击的证据来说话。遗憾的是，当时发现的冰川遗迹太少，无法形成系统的证据，所以很难改变人们的固有看法，而找到更多遗迹并非易事。

随后几年，为了掌握更多的实地证据，李四光先后到长江流域及安徽各地进行实地调查，调查的过程是艰辛的，也是危险的。

1936 年 5 月，为了找到更多有力证据，年近半百的李四光带领学生们来到安徽黄山。

一天，为了了解冰川活动时的岩石风化情况，他们来到始信峰。李四光仰头指着峰顶的岩石说：“那些岩石就是冰川的遗迹。”学生们顺着李四光手指的方向抬头望去，只见绝壁危崖如巨神所劈，都非常神奇。

李四光让学生们在山下等着，他自己则带着锤子、绳子、木楔，纵身登上陡壁。然而，当他爬到山腰时发现没有落脚的地方，于是把木楔打进石缝里，一步一步艰难地向上爬。快到峰顶时，他被一个光滑到连木楔都插不进去的大岩石挡住了。

“李先生，快下来，太危险了！”学生们在山下着急地喊道，但李四光似乎什么都没有听到，紧贴在岩石上，观察了周围的情形后把绳子朝右上方甩去，绳子正好挂在一棵从石缝里长出来的小松树上。他双手攥紧绳子，小心翼翼地一点点往上爬，受到外力的小松树摇晃起来。看到这一幕，有的学生失声大叫，有的干脆捂着眼睛不敢再看。

几经努力，李四光终于登上岩顶，采集到标本，装进地质包，然后绕道回到山下。学生们纷纷围住李四光，充满敬意地说："李先生，我们都为您捏了一把汗啊！"

李四光却从容地说："一个科学工作者，要想有所作为，必须有韧性，并做好随时献身的准备。年轻人更要锻炼这种意志，才有希望在科学上取得成就。"接着，他们继续穿越丛林绝径，涉足深渊幽谷，考察了北海的神仙洞冰斗遗址。

1936 年夏，李四光带着学生来到庐山考察。其间历经重重磨难，但都没有击退李四光。他继续登危岩、探深洞，顶烈日、冒严寒，历尽千辛万苦，走过许多人迹罕至的地方。

有一次，他看见鄱阳湖畔一处峭壁上有一大块冰川地貌，前期冰川泥砾层被后期冰川泥砾包围着。为了深入观察，他决定爬上去看看，但是冰川泥砾并不结实，很容易崩塌，学生们都劝他让年轻人去爬，但李四光坚持道："关于划分冰期的大问题，不仅自己要相信，还要使别人相信，所以非弄清楚不可。这里地处湖边，洪水一来容易冲垮，不易保留，所以要抓紧时间做好考察工作。"他坚持亲自去看个究竟，学生们苦劝无果，只能胆战心惊地看着他艰难攀缘。结果，爬到很高处时，岩石突然崩裂，他重重地摔了下来，满身泥污，身上也擦伤了几处，所幸没有伤到筋骨。他缓了口气后，又一次往上攀爬，几经努力，终于到达考察地点。

经过十几年的野外调查，李四光掌握了大量实地证据，终于取得重大成果，向世人证明了中国有冰川的事实。在铁一般的证据面前，地质学界不得不陆续承认他的观点。

1960 年 3 月，中国第四纪冰川研究工作中心联络组正式成立，组长为李四光，副组长为朱效成、杨钟健、侯德封、孙殿卿。从此，中国第四纪冰川的研究在全国范围内有了自己的专业组织。

奉若珍宝的砾石

每次到野外考察碰到特征明显的奇异石头，李四光总是小心翼翼地收好，带回来作为标本。他的研究室里摆满了从全国各地乃至海外搜集而来的各种石头，这些石头被他视如珍宝。

有一次，地质研究所的一位工作人员在广西桂林郊外的良丰山区考察时，在冰碛层中发现了一块长约37厘米，弯曲成90度的砾石，凹的一面带有皱纹，凸的一面则很光滑。他知道李四光爱石如命，尤其喜欢奇怪的石头，便把这块砾石带回来送给李四光。

李四光得到这块砾石后爱不释手，经常随身携带，以至于衣服的口袋都被石头磨破了。他担心石头的纹路磨损，专门做了一个盒子，里面垫上棉花，把石头精心保护起来。他给石头起名为“马鞍石”，后来又在其他冰川沉积物中找到了这种马鞍石。研究马鞍石的弯曲变形，可以了解岩石的弹塑性变形。

1941 年 7 月 7 日下午，李四光在广西大学发表了题为《岩石的力学性质与时间因素变化之关系》的演讲：

“坚如磐石常常被用来评价人的高贵品质。坚硬便是石头的品质。地质研究人员普遍认为，在高温、高压的作用下，石头又像胶泥，变成各式形状，而我还认为，条件特殊时，温度不高，出力不大，石头也会改变形状。这个特殊的条件就是时间。

“我们家乡有个风俗，老百姓在春节前要摆一块麦芽糖敬神，小孩子想不通，趁母亲不注意，爬到桌子上抓起糖就跑。母亲发现后就去追，追上孩子抢夺麦芽糖，孩子不给，两人撕扯，糖被拉成了长条。我见过卖糖的小贩，他们拿一柄锤子，只一敲，麦芽糖便碎了。这说明麦芽糖既有塑性又有脆性。

“石头也是这样的。大家看，这是一块极易破碎的石英砂岩。由于长时间受一种稳定的压力，它不仅没有破碎，还被塑成了这种形状。”

台下的学生们一边听一边踮起脚尖，想看看这块石头。李四光见状，把盒子递给前排的学生，让他们依次传看。接着，他兴致勃勃地说：“我搞了这么多年地质，

知行合一

还没有见过这么好的石头。它比宝石还要宝贵得多。”

孰料，当盒子转了一圈重新回到李四光手里时，石头却不翼而飞。看来是有爱石之人将它“收为已有”了，李四光只得向学生们解释，这块石头不是宝石，只具有科学研究方面的价值，没有任何经济价值，如果拿给玉石专家鉴定，它分文不值。会场里一阵骚动，但仍然没有人主动交出石头。

李四光无奈，只好作罢。他说：“收藏它的同学可能和我一样，也很喜欢它。那就好好保存吧，它确实是一个难得的标本。”

事后，广西大学校方在学校公示栏里张贴告示，希望拿走砾石的学生能反思已过，物归原主。几天后，有人将这块砾石送到了告示指定的地点。广西大学专程派人把砾石送还李四光，并表示诚挚的歉意。

经过这件事后，李四光更加珍视这块奇异的砾石，像宝贝一样收藏起来，很少再把它外示于人。后来，他还专门拍了照片，并写短文《一块弯曲的砾石》发表在英国一本杂志上，将它介绍给同行以及地质爱好者。文中写道：“漫长的地质时代，在地应力长期作用下，岩石发生各种变化。犹如这枚砾石，它的一端被卡在石缝里，另一端被冰流推压，久而久之，弯曲成直角形。”“变形是由于砾石的一半被固紧，比方说塞在一个基岩裂缝中，或者塞在一个满载岩石碎块的冰川中，而另一半受到冰流的前推作用形成的。”“从这里可以看出，砾石的弯曲没有高温作用的因素，因而时间因素是重要的。”

带病研究地质力学

1945年，由于长期的颠沛流离和过度紧张的工作，李四光突发心脏病。而随着重庆盛夏的到来，许淑彬担心李四光身体虚弱，耐不得高温，于是建议他到位于重庆市北边60多千米处的北碚北温泉疗养一段时间。

李四光接受了建议。但是到了那里，他仍然无心静养，又经常带着罗盘、拄着拐杖到附近考察。许淑彬责怪他不注意身体，他却说工作才是最好的休息，整天躺着不动，反而会闷出病来。对李四光来说，察看地质就是最好的治疗，似乎比什么药物都有效。

7月6日，中国科学工作者协会在重庆沙坪坝正式成立，理事长为竺可桢，李四光任监事长。后来，中国科学工作者协会在西南和西北地区的一些城市以及英国、美国、奥地利、丹麦等国，分别成立了分会。

7月中旬，在重庆大学和中央大学联合举行的学术报告会上，李四光以《地质力学的基础与方法》为题发表了演讲，对地质力学的意义进行了深刻阐述。

早在20世纪20年代初，学术界就大陆运动起源问题争论激烈之时，李四光就发表了《地球表面形象变迁之主因》一文，在批判一些传统派的同时，根据大陆上显示大规模运动方向的证据，提出“运动起源于地球自转速度变化作用”的假说。后来，他认为这些证据不够严谨，又提出：“我们怎么知道地壳发生过运动呢，只有根据随地壳运动产生的结果来加以判断。”

随地壳运动产生的各种岩层和岩体变形现象，即地质构造现象，是表现地壳运动最直接的证据。那些大型、小型、单式、复式褶皱和各种断裂等，可以让人类认识地质历史上发生过的地壳运动方式和方向。要获得这些认识，地质学家必须对当地各种构造现象的本质、形成的过程以及它们彼此之间可能存在的联系进行鉴定和研究。这样研究地壳运动问题和以前只注意大陆的大块运动大不相同。

经过多年艰苦的野外调查，李四光对地质构造现象的本质有了更加深入的认识。他根据地质学的一般理论和已有概念，结合中国大陆及亚洲地区地质实际，并参考其他大陆的地质情况，建立了构造体系、构造序次、构造复合等重要概念。

李四光于 1947 年出版的专著《地质力学之基础与方法》，正是基于这次演讲整理而成，由此建立了一门交叉学科——地质力学。

1945 年 8 月，经过 14 年的浴血奋战，中国人民终于取得了抗日战争的最后胜利。欢呼声响遍华夏大地，李四光和全国人民一样，沉醉在欢欣鼓舞的庆祝胜利热潮中。地质研究所的同事们到北碚看望他的同时，表达了想回南京的心愿。

虽然身体还很虚弱，但李四光和大家一样，也希望早日回到南京，重振地质研究所。不过，经过多年战乱，他不了解南京的情况，也不清楚地质研究所的受损程度，为了稳妥起见，决定先派学生赵金科打前站，提前回南京做一些准备工作。赵金科接受李四光的嘱托，先奔赴庐山，再到南京、上海，接收了地质研究所在战乱期间丢下的图书和仪器。

这时，李四光的好友、时任国民党政府外交部部长的王世杰前来探望他，询问他是否需要营养补助。考虑到王世杰当时的身份，李四光婉言谢绝了。不久，时任国民党政府行政院院长的宋子文请李四光出任驻英国大使。李四光以身体欠佳，需要静养，不适合承担外事政务为由，婉拒了宋子文的好意，并表示感谢。

不久，赵金科回到重庆，向李四光做了汇报。李四光决定与地质研究所的同事分期分批东进，这时有些曾经借调外单位工作的人也主动回来了，共计 30 多人。

李四光一家从重庆乘船先去上海。船到武汉时要停留较长时间，阔别多年的亲朋好友闻讯都赶到码头来看望他们。当见到久别的小妹时，李四光不由得热泪盈眶，兄妹一别 8 年，他们的父母已经与世长辞，如今短暂相逢后又要执手泪别。

船经南京时，时任教育部部长兼中央研究院院长的朱家骅登船看望李四光。原来，俞建章在出发前给地质研究所发电报说，他和李四光夫妇计划先到上海，希望大家暂勿挂念。朱家骅获知李四光的行程后，特意前来劝说李四光留在南京工作。一见面，他就递给许淑彬一叠装着钞票的纸包，客气地说："李夫人，你们现在手头一定很紧，这是给二位的一点心意，请笑纳。"

李四光坚辞不受，说道："不能收，不能收！我们固然穷，但看病的钱还花得起。"朱家骅面露难色，但旋即又请李四光在南京下船。李四光婉拒道："谢谢您的好意！我不打算在南京上岸，船票是直达上海的。我现在患有心脏病和失眠症，约好了大夫在上海专等，非去不可。地质研究所的所有事务已由端甫（俞建章字）代理，公事方面请朱院长直接与他联系，还请多多关照！"朱家骅见李四光对地质研究所的工作安排周密，找不到继续挽留的理由，又深知李四光性格刚直，不易说服，只得无奈离去。

李四光到达上海后，经医生检查，诊断为心绞痛，同时还查出患有肺结核，需要静养。

经过慎重考虑，李四光想带队去考察西北黄土高原和新疆境内天山山脉的地质状况。恰巧学生孙殿卿从南京来探望他，据他了解，孙殿卿结交了一些进步朋友，于是委托孙殿卿前往重庆了解情况，并征求八路军驻重庆办事处负责人董必武的意见。

董必武得知李四光的愿望后，考虑到时局动荡以及李四光的人身安全，便委托孙殿卿转告李四光，他知道仲揆先生在上海，但无法前去看望他，怕给他带来麻烦。新疆暂时是去不了的，到解放区的路也不方便，望仲揆先生珍重。孙殿卿将董必武的话转述给李四光，李四光感受到中国共产党对自己的关怀和保护，决定按董必武的意见行事。

此时，伦敦正在筹备第 18 届国际地质大会。1947 年 7 月 14 日，经中国地质学会投票选举，李四光成为出席国际地质大会的唯一中国代表，会议将于 1948 年召开。当时社会动荡，为暂避战乱，李四光决定参加会议。他对妻子许淑彬说："我们一同去国外吧，要尽快动身。伦敦的学术研究条件可以利用，欧洲的资料现在很多，可惜他们竟然提不出什么成果，去那里可以对世界地质进行全面考察，更广泛地认识世界构造体系。人民将要迅速赢得这场战争了，我又有点舍不得出去。开完这个会再看情况，一旦需要，就飞奔回来，祖国就要大搞建设了，一切都将是新面貌。我已近 60 岁，还能赶上这个历史时刻，何其有幸！"

同年 9 月，李四光来到风光秀丽的杭州玉皇山小住。

为了让李四光好好休养，许淑彬禁止他再看资料、写论文，以免用脑过度，影响健康。李四光在家表现得很配合，却经常约上学生吴磊伯，以观光、散心为由出门，然后由李四光口述、吴磊伯记录，在两个多月的时间里完成了论文《关于“震旦运动”及华夏式新华夏式构造线三个名词》。

1948 年 2 月，李四光夫妇从上海出发，在海上漂泊数月，辗转来到英国。他们的女儿李林（原名李熙芝）此时正在剑桥大学读书，特地赶到轮船经停的多佛港口迎接他们。在异国他乡与女儿团聚，李四光夫妇的内心充满了喜悦。李林先是在伯明翰大学附近为父母租了一套房子，之后他们一家三口在这里住了一个多月，直到大会开幕前才前往伦敦。

作为国际地质学会唯一的中国代表，李四光在这次大会上宣读了自己的论文《新华夏海之起源》。文中提到的新华夏海，是指东亚东缘的渤海、东海和日本海。一张又一张图表闪过，他讲了新华夏体系，讲了“山”字形构造和宏伟的东西褶皱带。这些构造体系最终必然涉及地质力学，他的论述使国际地质界感受到了地质力学的强大生命力。

大会结束后，李四光没有马上回国，而是来到英国南部的一个海滨城市疗养，继续研究工作。这段时间，他密切关注国内的形势发展，解放军接连胜利的好消息让他无比振奋。

第六章 全心为人民服务

李四光回国的消息在国内引起了轰动，广州、上海和南京三地的多所学校、研究所及社会团体纷纷邀请他参加学术演讲及交流活动，直到 5 月 6 日，李四光夫妇才坐火车前往北京。

艰险回国路

1949 年 4 月，国内的局势渐趋明朗，中国人民解放军百万雄师横渡长江，全国解放指日可待。国民党要员纷纷南逃，地质研究所和其他直属机关被要求迁至广州，并入中山大学。研究员们对于去留一时拿不定主意，此时李四光又不在国内，由于情况紧急，许杰、赵金科等 11 人在仔细协商后签订了一份反对南迁的誓约，然后将此事密告身在英国的李四光。

李四光收到信后，立即回信表示支持他们的行动，认为搬迁“只好任有志者前往，若为地质所同人避乱似无多大意义，我个人绝不赞成”。同时，他也向南京、上海两地的同事表达了敬意，对“愿留守本所，看护书籍、仪器者，深为钦佩”。

由于地质研究所拒绝南迁，研究员们的薪资失去了来源。为解决这一问题，李四光又分别致信俞建章、许杰和赵金科：“将我个人名下所存的少许集资公开，作本所研究工作、个人救济之用，以箪食瓢饮，或尚可维持于一时，俟局面稍定，再从长计议也。”

这时，郭沫若率中国代表团到布拉格出席世界保卫和平大会，他根据周恩来的指示，给李四光写了一封信，希望李四光早日回国，共商建国大业。久盼这一天的李四光禁不住热泪横流，他的赤子之心已经迫不及待地飞向祖国。

当时从英国到亚洲的船很少，经与妻女商量，李四光预订了由法国马赛到香港的船票，但在半年后才能启程，他只能耐心等待。借此机会，他临时请来几位朋友，为女儿李林和女婿邹承鲁举行了简朴的婚礼。两个新人同在剑桥大学深造，女儿学物理冶金，女婿学生物化学。完成学业后，他们先后回到祖国，参加了社会主义建设，后来都当选为中国科学院院士，成绩斐然。

1949 年 9 月 21 日，在中国人民政治协商会议上，尽管李四光人在国外，但仍被列入中国人民政治协商会议第一届全体会议的代表名单之中，这既是党和国家对其品格和成就的认可，又寄托了新中国建设求贤若渴的殷切希望。

1949 年 10 月 1 日，庆祝中华人民共和国中央人民政府成立典礼在首都北京隆重举行。李四光通过收音机收听了广播报道，内心激动不已，当即和许淑彬商量尽快回国。然而，10 月 2 日黎明，李四光接到早年在国内结识的女作家凌叔华的电话，说台湾当局听说李四光当选为中国人民政治协商会议全国委员会委员，密令“驻英大使”郑天锡立即与李四光交涉，要李四光发表公开声明，拒绝接受共产党领导的全国政协委员职务，否则将采取措施扣留他。

由于情况紧急，凌叔华在电话中说:“您得马上离开，郑天锡已探知您的住处，他们会不择手段的。您最好先到瑞士去，到时我们再设法送淑彬去与您会合，然后你们一起回国。这是唯一脱身的办法，快准备吧，免得夜长梦多。”

李四光也不想节外生枝，当即决定按凌叔华所说的去做。他很快穿好衣服，并让许淑彬打点行装。为避人耳目，他只带了几件衣服和论文手稿、地质锤、罗盘、放大镜等，还有一些现金。一切准备妥当后，李四光又写了一封信，交给许淑彬说："如果郑天锡来查，你就说我去土耳其考察了，过几天再把这封信寄给他。"

许淑彬接过信件，焦急地催促李四光赶紧动身，免生意外。李四光依依不舍地告别妻子，匆忙赶往南安普敦，再乘船前往法国瑟堡，然后又乘坐火车，经巴黎、南锡等地来到瑞士北部的边境城市巴塞尔，在一家小旅馆安顿下来。

李四光走后第二天，郑天锡的秘书果然不请自来。许淑彬镇定自若地告诉来人李四光外出考察了，对方见屋内陈设摆放并无杂乱之象，并没有起疑，还拿出一张5000美元的支票递给许淑彬，声称是郑天锡的一点心意。许淑彬礼貌地谢绝了，理由是李四光不在，她不便收下。

随后，在凌叔华的精心安排下，许淑彬母女日夜兼程，顺利来到巴塞尔，找到李四光落脚的那家旅馆。旅馆主人告知她们，李四光一大早就外出了，安排她们到李四光的房间休息。许淑彬猜想李四光应该是出去考察地质了。傍晚时分，李四光终于回来了，他还背回好几袋岩石标本。一家人平安团聚，许淑彬悬着的心终于放了下来。

几天后，李四光带着妻子告别女儿，登上了前往意大利的火车，他们将从那里乘船前往香港。当时，轮船没有固定班次，船票上也没有日期，他们在欧洲足足等了 3 个月，其间李四光又顺便进行了一番地质考察，从瑞士的冰碛湖和冰碛丘陵，到阿尔卑斯山南坡的利古里亚海岸。这段时间，他们几乎跟所有人都失去了联系，后来终于在热那亚上船，过了差不多一个月才抵达香港。

在巴塞尔时，李四光收到了印度著名古植物学家萨尼妻子转来的信，请李四光为萨尼逝世一周年写一篇纪念文章。于是，李四光在回国途中构思完成了一篇关于地质力学的学术论文，即《受了歪曲的亚洲大陆》。

他首先追述了自己与萨尼的友谊，尤其是萨尼在他处境困难时给予的鼓励。1945 年秋，李四光在重庆曾收到萨尼的来信，萨尼在信中表达了自己对李四光的关心，同时提出一个启发性的课题，这个课题在一定程度上使“一个为生活苦恼的人恢复了兴趣”。李四光回复说将对此进行尝试性的总结，然后赠送给这位博学的印度同行。然而，将近 5 年过去了，他的承诺“现在才有机会完成，虽然这是一个悲伤的任务”。

行文至结尾处，他在纵论地质时代的世界地质发展形势时，表达了自己对新中国的祝福。

花甲之年谱新篇

1950年3月初，李四光夫妇抵达香港，在香港码头迎接他们的是李四光在日本留学时的同学兼好友陈厚甫。

李四光回国的消息在国内引起了轰动，广州、上海和南京三地的多所学校、研究所及社会团体纷纷邀请他参加学术演讲及交流活动，直到5月6日，李四光夫妇才坐火车前往北京。

火车到站后，李四光发现前来迎接的有李济深、郭沫若、竺可桢、陶孟和和丁燮林等，见自己受到如此重视与礼待，内心不由得涌过一阵暖流。

当天晚上，郭沫若设宴为李四光夫妇接风洗尘。新老朋友欢聚一堂，气氛十分热烈。

随后，李四光夫妇被安排入住六国饭店。第二天上

午，周恩来总理特地赶来看望李四光，李四光激动不已。周总理亲切地询问了他们的旅途和健康情况。谈到工作，李四光坦诚地表示他的兴趣主要在做研究，想再回南京去。不过，周总理希望李四光能挑起更重要的担子，组织国家的地质工作建设的同时，到中国科学院协助院长郭沫若主持工作。

从内心来讲，李四光并不想担任行政方面的职务，而倾向于做研究工作。因此，他北上之前已经把一部分书籍和个人物品留在了南京。但转念一想，他又回忆起那句“铁肩担道义”的自勉，看着周总理热切、真挚地向自己发出邀请，便决心以花甲之龄担负起党和国家的嘱托：“人民需要我做什么，我就做什么。”

虽说是新官上任，但李四光从事地质工作多年，对地质界的情况轻车熟路。中华人民共和国成立以前，全国性的地质研究机构主要有 3 个：中央地质调查所、中央研究院地质研究所、矿产测勘处，但在涉及机构转换、个人工作安排时，难免产生一些矛盾。对此，李四光想先听听大家的心声。于是他通过各个渠道询问目前散居各地的地质工作人员的情况，列出了一份长名单，然后以个人的名义逐一致函，希望他们尽快加入新中国的地质建设行列，并提出建设性意见。

在充分听取工作人员意见的基础上，李四光最后确定地质工作的组织机构为“一会二所一局”。其中，“一会”指地质工作计划指导委员会，“二所”指中国科学院地质研究所和古生物研究所，“一局”指财政经济委员会矿产地质勘探局。李四光担任地质工作计划指导委员会主任委员。

随着新中国各项建设的迅速推进，地质工作变得越来越重要。1952 年 8 月 7 日，地质部正式成立，李四光任部长。这一年，他 63 岁。

为了组建技术班子，李四光先后任命谢家荣为地质部总工程师、黄汲清为地质部普查委员会技术负责人，共同主持地质部全国矿产普查委员会的技术领导工作。到 1956 年 9 月，地质部共探明 30 多种矿产资源的储量，基本保证了煤炭、黑色冶金、有色冶金等工业建设的需要。

考虑到现有的地质人才无法满足国家需要，急需大量新鲜血液，经李四光提议，高等教育部决定在北京大学与清华大学地质系的基础上组建北京地质学院，李四光兼任学院筹备委员会主任。

不久，在东北地区以东北地质专科学校为基础，又组建了长春地质学院，由俞建章担任院长。南京大学、重庆大学等 6 所大学也在李四光的推动下，在地质系设置了专科班。为了培养技术干部，李四光又创办了 9 所中等地质技术学校，开设钻探、化验、测绘等专业。

从 20 世纪 50 年代开始，地质院校的历届毕业生大都成为新中国地质事业中的骨干人才，支援了工业建设的各条战线。

人尽其才百事举

中华人民共和国成立以后，经济建设大规模展开，火热的发展形势对知识分子的需求也达到了空前的程度。李四光在组建地质部的过程中对此深有体会，加上他本人在科学研究的道路上历经波折，所以他极为珍惜和保护人才，要求人事部门全面调查，详细记录科学界人士的政治思想情况、学术专长、当时所在地、正在从事的工作等，以便将来需要时可以及时调用。与此同时，他还提出，在调动与安排科技人员的岗位时，不仅要发挥个人专长，还要考虑科技人员自身的意愿，从而更好地发挥他们的能动性，不至于浪费人才。

李四光言出必行，使许多地质人员人尽其才。抗战时期，有位科学家因为不愿放弃当时的工作环境，留在了沦陷区，中华人民共和国成立以后此人一度遭到误解，但李四光了解情况后仍设法给他安排了合适的工作，让他发挥自身所长，为建设国家做贡献。

在工作中，李四光收到了许多来自国内外地质工作者和地质爱好者的信件，他对这些信件十分重视。面对青年们在信中提出的怎样学习地质力学的问题，他给予热情的鼓励和耐心的教导，还说明学习地质力学的方法，经常提供一些必要的学习书目。他强调，科学技术工作者的兴趣要广泛，基础要打牢，正确处理博与专的关系，等等。他认为，任何专业都无法孤立存在，要想解决一个科学技术问题、完成一项任务，除了某一专业的贡献以外，往往也需要其他专业的协作。因此，科学工作者应该在博的基础上求专，在专的要求下求博。

通过众多来信，李四光意识到，普及地质力学的知识不是一次或几次通信就能办到的，如果将地质力学爱好者集中起来学习、研讨，效果会更好。因此，在《地质力学概论》一书出版后，他决定举办地质力学进修班。从 1962 年 11 月到 1966 年上半年，进修班一共举办了 3 期，培养了 153 人。李四光在进修班除了讲授《地质力学概论》的知识，还带学员们到野外考察，结业时每个学员都要根据地质力学的观点和方法写一篇实习论文或工作报告。李四光很重视进修班的教学工作，经常亲自向学员们讲话，有时还和学员们共同研究、探讨学习中遇到的各种问题。

青年地质工作者萧启唐从北京石油学院地质系毕业后，到新疆工作。他很敬佩前辈李四光在地质科学上的成就，因此对地质力学产生了浓厚的兴趣，但他在自学过程中常感到困难重重，一是没有系统的学说可以参考，二是不知道如何在野外开展工作和学习。为此，他写信向李四光诉说自己的困境。李四光收到信后，热情地给予回复：“新疆不论从国民经济还是地质特点等方面来说，都是个很有意义的地区。……我想最好是趁你在新疆工作的时候，紧紧抓住野外考察的机会……对各种构造型式进行研究，看看它们表示的地壳运动是否有一定的规律。如果我们能够确定构成各种构造型式的运动方式，把这些综合起来，就能对地壳运动的方向做出结论。”

李四光还鼓励萧启唐说：“听说你在微积分学上有一定基础，我非常高兴。同时，你还能阅读一定的外文书籍，这对今后的工作会相当便利。在这个基础上，如果你在日常工作中还有时间，可以多注意向量分析、位函数和线积分等方面的学习，这些对地质力学的理论分析都是有用的。”

对有潜力的青年科学工作者，李四光总是尽力给予支持和鼓励。比如，当他知道地质研究所的叶连俊致力于沉积学研究时，倍感欣慰，因为中国过去踏实研究这方面的人太少了，现在又很需要有人去做这方面的工作。他还向外国杂志推荐了叶连俊的著作。

青年地质工作者刘鸿允花几年时间编了若干幅古地理图，想请李四光审阅。有人告诉他，李四光的构造学说不讲究古地理，所以认为李四光大概对他的古地理图不感兴趣。然而，李四光收到后非常欣喜，认为刘鸿允的这项工作大有必要，并欣然提笔为图册作短序。

在著名地质学家、地震预报学家、中国科学院院士马宗晋的成长过程中，李四光同样为他注入了强大的动力。

马宗晋从中学起便对地理产生了浓厚的兴趣，后来一直把李四光视为榜样，并以优异的成绩考入了北京大学地质系。后来因全国高校院系调整，马宗晋进入了新成立的北京地质学院。大学毕业后，他报考研究生，选择李四光的学生孙殿卿教授作为导师，由此成为中国地质力学的第一个研究生。

一天，孙殿卿告诉马宗晋，李四光想见见他。马宗晋万分忐忑，生怕见到这位学界前辈时因过度紧张而答不出问题来。但一见面，李四光和蔼可亲的态度便打消了马宗晋的不安，李四光亲切地询问马宗晋是哪里人，学习生活是否顺利，就像唠家常一般。李四光还拿出一块岩石标本，指导马宗晋如何由小看大、由观察现象到理论抽象。这次谈话进行了约两个小时，最后李四光交给马宗晋一个任务，让他从杭州的南高峰到北高峰，再到黄龙洞，做一个地质剖面图。

这次会面后，马宗晋每天早出晚归，花 10 天时间圆满完成任务。李四光看了剖面图后满意地说："地质工作比较直观，但也容易流于浮泛与浅薄。从中慎思明辨，发现新东西并不容易，要搞清其中的道理就更难了。你应该花力气去补学数学和物理，我建议你到北京大学再学一年，希望你把经典地质学再向前推进一步。”随后，李四光给北京大学教授周培源写信，请他安排马宗晋到北京大学深研数学和力学。

1961 年，研究生毕业的马宗晋留在中国科学院地质研究所从事构造力学研究。他在工作中始终牢记着李四光的教导：“请看科学发展史中，有多少重大自然现象的发现是从对渺小事物的粗略认证开始的。”

摘掉“贫油国”帽子

早在 20 世纪 20 年代初，李四光就怀着富国、强国的热切愿望，对煤炭资源开展了地质勘查工作。当时，不少外国地质学家都不看好中国的石油资源，认为中国是一个贫油国家。1915—1917 年，美孚石油公司的煤油技师曾经率领一个钻井队在陕西北部一带，一连打了 37 口探井，花费甚巨，却收获寥寥。1922 年，美国斯坦福大学教授布莱克·威尔德来中国调查地质，回国后撰文说，中国是贫油国家，在中国东南部找到石油的可能性不大，西南部找到石油的可能性更是渺茫，西北部不存在重要的油田，东北地区不会有大量石油，于是“中国贫油论”就此流传开来。

当时国内一些地质学家也有类似的观点，认为中国境内没有发现大规模油田的希望，即使是小规模的油田勘探，可能性也不大；还有人认为中国号称地大物博，但石油的贫乏是不争的事实。

但李四光根据自己对中国地质的多年研究，认为“中国贫油论”是站不住脚的。1928年，他在《燃烧的问题》一文中指出：“美孚的失败，并不能证明中国没有油田可开。……中国西北方出油的希望虽然最大，然而还有许多地方并非没有希望。热河据说也有油苗，四川的大平原也值得好好研究，和四川赤盆地质上类似的地域不少，都值得一番考察。”1935年，李四光在英国讲学，也暗示在我国东部可能找到石油。1939年，李四光在《中国地质学》一书中又指出：“在新华夏系的沉降带中，如用地震的方法在华北平原进行勘探，可以采取有重要经济价值沉积物。”他所说的“有重要经济价值沉积物”便是石油。

中华人民共和国成立以后，工业、农业、国防建设都面临着石油短缺问题，各项事业的建设都受到影响，导致发展缓慢。为了解决这个问题，1953年，党和国家领导人征求了李四光的意见。

会谈时，李四光根据自己几十年来对地质力学的研究，从整个新华夏体系巨大宏伟的“多”字形构造体系说起，滔滔不绝地讲到我国石油燃料的分布与蕴藏：“在我国，第三沉降带的呼伦贝尔—巴音和硕盆地、陕北—鄂尔多斯盆地、四川盆地，第二沉降带的松辽平原，包括渤海湾在内的华北平原、江汉平原和北部湾，第一沉降带的黄海、东海和南海，都储藏了有经济价值的沉积物。这些话都是我过去在外国讲的，所以故意说得含糊些。其实，它们就是天然石油和天然气。而方才说的那个‘多’字形构造的对扭性质，使它们有条件成为雁行排列的良好储油构造。因此，仅就新华夏体系而言，仅就石油而言，且不说其他的构造体系和其他资源，单从新华夏体系的沉降带分析，可断定既生油，又储油。这就是说，我国天然石油远景辉煌，我们地下石油的储量确实是丰富的……”

李四光还认为，当务之急是在更广泛的地理区域内展开勘探工作，而不能局限于西北一隅。当然，也要有明确的目标和针对性，否则很可能耗时耗力还一无所获。

李四光找油的指导思想是先找油区，再找油田。油区的范围较大，区域内的生油和储油条件比较好，油田则是储油条件特别好的地区。为了解决实际问题，他建议把地质部和燃料工业部，尤其是石油管理局等相关部门联合起来，集中人力、物力进行石油勘探，以避免各自为政的局面。

中央领导同志赞成李四光的意见，后来周总理在一个报告中提到了这件事，他说："石油在我们的工业中是最薄弱的一个环节，……首先是勘探的情况不明。地质部长很乐观，对我们说，地下蕴藏量很大，很有希望。我们很拥护他的意见。"

1954 年 2 月，李四光在石油管理总局做了报告《从大地构造看我国石油勘探远景》，全面系统地阐述了我国大地构造的特点及含油远景，指出 3 个远景最大的可能含油区，即青康滇地带、阿拉善—陕北盆地、东北平原—华北平原，并提出应该首先把柴达木盆地、四川盆地、伊陕台地（今鄂尔多斯地区）、阿宁台地、华北平原、东北平原等地区作为普查找油的对象。这次报告极大地鼓舞了石油战线上的广大工作者。

1955年1月20日，地质部召开第一次全国石油普查工作会议，成立了新疆、柴达木、鄂尔多斯、四川、华北5个石油普查大队。

中国幅员辽阔，怎样才能多快好省地找到含油区呢？李四光根据多年探索的地质力学理论和经验，指出找油的关键在于对构造的正确认识，应当考察具备或基本具备相应地质条件的地区。

同年7月，李四光派孙殿卿带队前往地质部西北地质局632地质队所在地——位于青藏高原柴达木盆地中南部的格尔木。当时，地质工作者已经在冷湖地区发现3个背斜构造。这3个构造的轴线虽短，但它们之间靠西端收敛，东边呈散开形式，很像一个帚状物构造。根据李四光的地质力学观点，这种构造正是含油区的重要标志。

10月中旬，孙殿卿带领调查小组来到冷湖地区，又分成几个小组去实测各个背斜构造。一个小组测到构造东北中部的每一块砂岩几乎都带着油味，另一个小组也从另一处带回一盆黑黝黝的油砂。调查结果让大家兴奋不已，孙殿卿马上把实地考察的资料寄给李四光。李四光据此推测盆地西部、西南部可能都属于一个较大的旋卷体系，认为“搞清楚这个体系，不仅仅是理论问题，而且对储油构造的认识将有重要关系”。他将调查小组在冷湖地区的发现命名为“柴达木冷湖地区反S型旋卷构造”。后来经过钻探，这一带果然打出工业油流，建立了冷湖油田。

紧接着，地质部派出93支地质队、430多名地质人员，奔赴12个地区进行普查和细测。1956年3月，地质部、石油工业部和中国科学院联合成立了全国石油地质委员会，李四光任主任委员，由此拉开了全国石油勘探大潮的帷幕。

经过多次勘探，勘探团队发现松辽平原的新生代沉积厚度竟达四五千米，进而断定这里有大量石油蕴藏。1958年2月，中央决定将松辽平原作为石油勘探的主阵地，提出“三年攻下松辽”的口号。而松辽平原勘探队也不负众望，短时间内便捷报频传：1958年2月，在吉林扶余和前郭（前郭尔罗斯蒙古族自治县）的石油钻井中，发现了厚达50厘米和70厘米的含油砂岩层；6月17日，在长春附近的公主岭西北场大城子镇的钻井中，发现了厚达3米以上的砂岩层，而且将岩芯取出后竟有原油渗出；9月24日，在黑龙江省肇州县高台子钻井中喷出工业油流；9月26日，发现大庆油田，这是我国东

部找油工作的一个重大突破。

这一年，除了东北的勘探工作硕果喜人外，四川南充等地也相继发现油田，之后在华北、中原、汉江、广东等地也陆续发现油田。

经过 3 年的石油普查工作，在新疆、青海、四川、江苏、贵州、广西及华北、东北等有希望的含油远景区，找到了几百个可能的储油构造。在辽东半岛和华北平原，相继打出了当时国内产量最高的一批油井，彻底摘掉了“中国贫油”的帽子！到 1963 年底，中国的石油基本达到自给自足。

在之后的日子里，李四光仍然致力于研究我国发展石油的远景问题，并留下了宝贵的指导意见：

一、华北平原和江汉平原还值得进一步工作。在松辽—华北（包括渤海）—江汉—北部湾地区，还能继续有所发现。

二、要突破古生代油区。四川盆地很有希望，贵州南部值得探索，塔里木盆地见油是个很大的鼓舞。

三、要迅速开展海洋地质工作，海上石油的远景在东海。

四、陕甘宁盆地是有油的。

五、青藏高原—柴达木盆地值得开发，西藏的石油很有希望。

六、茂名—雷州半岛—北部湾地区，值得做工作。

七、苏北地区很值得注意，这里很可能是黄海在晚近地质时代伸进来的地区。

参考李四光的判断，地质学家们经过20多年的努力，在内陆和海洋的勘探工作中均有所突破，使我国的石油开发展现出广阔的前景。在李四光的带领下，我国不仅摘掉了“贫油国”的帽子，实现石油自给，还在石油的开采、炼化、深加工等方面不断推进，给人民生活带来了诸多便利。

寻找核工业命脉

找到石油后，新中国的经济建设注入了腾飞的动力，但新中国的国防建设还需要一样重要物质，那就是铀。

早在1920年年初，李四光便研究过铀矿，还曾派学生到广西调查铀矿，发现了磷酸铀矿、脂状铅铀矿和沥青铀矿。后来因为战乱，加上尚未发现其利用价值，这件事就暂时搁置下来。

1943 年 5 月，地质学家南延宗到广西开展矿产地质调查。某天，在钟山县黄羌坪一个废旧的锡钨矿上，南延宗被一堆鲜黄色的东西吸引住了，他走过去仔细查看，发现这堆东西是粉末状的。出于职业敏感，他大胆猜测里面可能存在稀有元素，于是用刀刮取了部分粉末，回去后交给后来成为地质力学专家的吴磊伯化验。果然，在显微镜下，他们惊喜地发现这种神秘物质呈现出完美的四面体结晶状态，而这正是铀元素的典型特征。为了进一步确认，他们又做了照相感光实验，结果证明他们的判断无误。欣喜之余，他们立即将这件事向李四光做了汇报。

8 月，在南延宗等人的引领下，李四光来到钟山县黄羌坪进行复查，发现这里的铀矿物沿着一条钨锡伟晶花岗岩脉中的断层面生长，虽然产量不多，但是货真价实的铀矿。这是中国第一次发现铀矿，南延宗也因此被称为“中国铀矿之父”。

中华人民共和国成立前夕，李四光前往英国参加第

18届国际地质大会，特意从英国带回一台伽马仪，这台仪器对中国后来寻找铀矿起到了重要作用。回国后，李四光积极支持中国科学院近代物理研究所的建立，并多次与中国科学院院党组书记张劲夫讨论原子能研究的工作安排。

作为一名地质学家，李四光在生活中几乎随时随地都在观察地质。有一次，他到北戴河休养，在海边散步时无意中发现了一些黑砂，于是询问附近的渔民，得知日本人占领这里时挖走不少这种黑砂。李四光借来仪器进行测试后，马上向上级部门汇报这件事，上级部门指示他尽快进行放射性矿产资源的调研工作。

李四光与同事商议，并征求地质部顾问、苏联专家组组长库索奇金的意见后，于1954年2月成立了普查委员会第二办公室（简称“普委二办”），负责铀矿地质勘查的筹备工作。

1954年10月，由地质、物探、测量等20多人组成的花山工作队，在地矿专家高之杕、普委二办聘请的苏联铀矿地质专家拉祖特金的率领下，根据南延宗以前在钟山县黄羌坪的调查线索，再次来到同一个地方进行铀矿调查。在黄羌坪，他们发现了附着在蛋白石、方解石表面的钙铀云母等次生铀矿物，不久又在同一岩体的藤县杉木冲村一带找到了云英岩化锡石脉中的铀矿化。挖了几个大坑后，他们采集到一块良好的铀矿石。这是中国第一块铀矿石，现收藏于核工业北京地质研究院，被称为中国核工业的“开业之石”。

毛主席得知在广西钟山县发现铀矿的消息后，大为振奋，提出要亲自看一看铀矿石。1955 年 1 月 14 日下午，这块铀矿石被带到周总理的办公室。李四光向周总理介绍了发现铀矿的具体经过，周总理边听边点头，随后又向钱三强询问中国原子能科学的研究现状、科技力量、仪器设备、所需财力等情况。了解相关情况后，周总理让他们准备第二天的会议，主要讨论研究发展原子能事业的问题，到时带上铀矿石和简单的仪器，进行现场演示。

1955 年 1 月 15 日，毛主席在中南海主持召开了中共中央书记处扩大会议，李四光、刘杰、钱三强到会就我国当时的核科学研究状况，铀矿资源及核反应堆、原子弹原理等方面问题做了专门汇报。

会上，毛主席向李四光提出了一个关键性的问题——中国有没有造原子弹的铀矿石。李四光向在座的各位国家领导人展示了在广西发现的铀矿石，肯定地说：

“中国有铀！不过，在一般的天然铀矿石中，仅千分之几的成分可以提炼用作原子弹原料。”而要从矿石里提炼出这千分之几的铀，再浓缩成原子弹的原料，关键在于要有浓缩铀工厂。当然，铀矿资源也必须矿藏丰富才行。接着，李四光开始介绍铀矿地质与我国的铀矿资源及铀矿勘察情况。

经现场检测，带去的矿石的确含铀。盖革计数器离矿石越近，发出的“咯啦咯啦”的响声就越快、越大。会场气氛很热烈，各位领导人都对发展原子能事业表现出极大的热情。

这一天被定为我国发展原子弹的起始日，中国核工业由此起步。此后，李四光在中国核工业事业中一直处于领导核心地位，担任国家原子能委员会副主任、中国科学院原子核科学委员会主任委员。

当时在广西杉木冲发现的铀矿是个次生矿，开采价值不大，只能证明中国境内有铀矿。但李四光很看好中国的铀矿资源，后来的事实也证明李四光的预测是准确的。这些构造带，尤其是南岭带的一些铀矿床，不仅规模大，而且容易开采。在强调构造规律的研究时，李四光提出：“关键要把对构造规律的研究与辐射测量结合起来。”

1955年4月，普委二办改为地质部第三局，开始了铀矿普查工作，并在最有可能发现铀矿的新疆和湖南分别成立了519大队、309大队……全国各地的铀矿地质勘探人员约有5万人，其中包括军人、科研院所的工程师、地质大学的学生等。

在北疆地区，519大队分成几个小队，进行网格化搜索。无论是山坳、山坡，还是荆棘丛、草地，队员们都仔细筛查，终于在1956年10月于克拉玛依市白杨河畔发现铀矿。

那时航测普查飞机也开始出现在中国各地的上空。1957年，航测发现江西崇仁的相山地区有一个山头存在伽马异常现象，于是由飞机投下石灰包，然后勘探人员在山林里找到石灰包落下的地点，在那附近开始找矿。经过进一步考察，发现了一个裸露出地表长达15米的矿脉，附近还富集着许多次生铀矿物。种种迹象表明，这里很有可能是一个铀矿床。后来，果然在相山发现了几十个由大、中、小型铀矿组成的巨型铀矿田。

在华东的深山密林里，地质人员也在根据矿床规律寻找土地深处存在放射性的蛛丝马迹。他们胸前挂着苏制 FD-114 检测仪器，手中拿着探管，为了听到脉冲声，他们时刻紧扣耳机。当时的勘探防护很不到位，炸药炸开后，洞里粉尘弥漫，按照安全准则应该等粉尘落定再进洞勘察，但地质人员为了赶进度，往往只是在口鼻处捂一块毛巾就进去了。

在粤北南岭南麓诸广山脉深处，覃慕陶、吴磊伯等人遵循李四光的思路，坚持按地质找矿的规律办事，每天早出晚归，工作 10 多个小时，最终找到了 201、211 特大型铀矿床。

到“二五”计划末期，我国的铀产量已经可以满足我国核工业的发展需求，建成湖南郴县（今郴州）711 矿、湖南衡阳 712 矿、江西上饶 713 矿，以及衡阳铀水冶厂、包头核燃料元件厂、兰州铀浓缩厂等多座国有大型厂矿，全力生产核材料，为新中国“两弹”的研制成功做出了突出贡献。对此，李四光功不可没。

第七章 晚年的无私奉献

1970年10月27日，81岁高龄的李四光听说工作人员发现天津地热带后，亲自率队到天津视察地热工作，参观了红旗鸭场和河北宾馆。

70岁的新党员

李四光于20世纪50年代初回国后，民主党派纷纷向他伸出橄榄枝，邀请他加入，但是都被他婉言谢绝了。实际上，他内心埋藏着一个愿望，那就是加入中国共产党。他曾经说过，参加祖国的社会主义建设事业，是他人生中的“黄金时代”。他还曾对夫人许淑彬说：“有了共产党，中国就有了希望！”

尽管心向往之，但他一直认为自己离一个中国共产党党员的标准还有很大差距，对党的事业贡献太少。而且他年纪渐长，身体健康状况欠佳，入党后不一定能起到共产党员的模范带头作用。因此，他在很长一段时间里，他把入党的想法深埋心中，没有勇气向组织坦露。

李四光的女儿回国工作后，曾就入党问题批评他“在政治上太爱面子”。李四光接受了女儿的批评，但他认为这种“爱面子”的表现主要源于自己还不具备加入中国共产党的条件。为此，他在日常生活和工作中总是以共产党员的标准严格要求自己，还经常提醒身边的工作人员不要搞自由主义，要严守组织纪律。

当有少数科技人员对共产党能否领导科学工作存在疑虑时，他以《党能领导科学工作》为题发表文章，通过对比新中国成立前后科学界的实际情况，详细分析了中国共产党领导科学工作的具体作用，展示了中国共产党给科学界带来的勃勃生机。

在1956年的政协会议上，他发言说：“当我们向年长的先进朋友们学习的时候，特别是当我们体会到由于他们自己的努力光荣地获得党的赞许，以致连我们老一辈的人，大家也都从党对我们的关怀中得到无限温暖的时候……我们老一辈的人是没有理由妄自菲薄的。”这也是他当时思想的表露。

1957年1月，李四光因过度劳累而身患肾病。经组织批准到杭州疗养，住在南山招待所。为了让李四光得到充分休息，除了国务院和地质部的有关领导能够前来探望以外，其他的来访和外事活动一律取消。但是，李四光怎么可能彻底放下工作呢？他的房间里仍然摆满了工作的文稿和资料。

一天清晨，李四光和许淑彬刚吃完早饭，忽然听到外面有人说周总理来了，他们还没来得及反应，周总理就已经站在了门口。打过招呼后，周总理询问了李四光的身体恢复情况和生活近况，突然话锋一转，问起他对加入中国共产党的想法。李四光不由得一愣，随后坦承表示自己多年来一直想入党，并说明没有提出来的原因。周总理耐心地说："现在搞社会主义建设，很需要知识分子为党工作。你可以考虑考虑，和地质部党组、科学院党组的负责同志谈谈自己的想法。"

这次谈话使李四光鼓起了勇气。1958 年 10 月 18 日，他将一份字迹工整的入党申请书呈送到地质部党组书记何长工面前。他在申请书中写道：

几年来，我看见不少老朋友和许多青年同志，都在努力改造自己，力求进步，终于能够像婴儿投入母亲的怀抱那样，投入了党的怀抱。我常常想向他们学习，常常希望彻底地改造自己，争取踏踏实实地站稳无产阶级立场，对残余的乃至潜伏的资产阶级思想作坚决斗争。

如果能够光荣地加入党的大家庭，我相信一定有更多的机会得到同志们的更多帮助。我决心以“活到老，学到老”的精神来改造自己，使我这个个体能够更好地在党的领导下，为祖国的社会主义、共产主义建设服务，为中国人民服务，成为一个国际无产阶级先锋队战斗员。

地质部党组对李四光的入党问题进行了研究，地质部党组书记何长工、中国科学院党组书记张劲夫都表示愿意做李四光的入党介绍人，他们认为李四光积极要求进步，已经具备了一名共产党员的基本条件。

12 月 29 日，李四光成为中共预备党员，一年后转为正式党员，成为一名 70 岁的新党员。年逾古稀的李四光，在支部大会上心情十分激动，他说自己像一个刚出生的婴儿，生命的新起点才刚刚开始。

1959 年，在中华人民共和国成立 10 周年之际，李四光对一位外国友人说："加入中国共产党之后，我自豪个人能生逢这样伟大的时代，我深深地感到生活真有意义，生命值得珍惜。"在这种心理的驱使下，他似乎焕发出无穷的力量，在逝世前一年还编写完成了《天文、地质、古生物资料摘要》一书，以实际行动践行了做出的承诺。

倡导开发地热资源

李四光在英国留学时便开始关注地热资源的开发，把"蕴藏于地中的热"列为未来的几大能源之一。在1931年发表于武汉大学理科季刊上的《地壳的观念》一文中，李四光对地热（当时叫"地温"）进行了重点论述，对于人们把蕴藏量有限的煤当作燃料烧掉表示惋惜。他认为，煤首先是化工原料，其次才是能源。

中华人民共和国成立以后，在主持地质部工作期间，他多次公开表示，中国不能再走西方国家的老路，将地球交给人类的遗产——煤炭一概当作燃料烧掉。为此，他把目光投向了地热。

一直以来，地质学家普遍认为地球原本是一团高温物质，逐渐冷却后，慢慢在表面结成硬壳，形成地壳。从地壳表面向下，深度越深，温度越高。以火山喷发的岩浆为例，其温度可达1000~1200℃。李四光认为，地球是个庞大的热库，有源源不绝的热流，“地热能是可以取代煤炭、石油、天然气的广泛开发的新能源”。

地热不仅是遍及全球、随地可取的能源，它与太阳能、风能、潮汐能等自然能源相比，不受季节气候的影响，是取之不尽、可以再生的绿色能源；而且地热的适用范围很广，可以用于取暖、制冷、洗浴、医疗、农业暖棚、灌溉等各个领域。地热能源的开发利用，将给全球人类的生活带来巨大的福祉。

在1956年举行的世界科协成立10周年纪念大会上，李四光大声疾呼：“用不着想入非非就可以预料到，将来我们的子孙会责怪科学家，为什么眼看着像煤这样贵重的物质被随便当作燃料烧掉而默不作声。”为了进一步解决这个问题，1959年，李四光在地质力学研究室成立了地热组，开始地热研究和实验，并派人前往苏联，跟苏联地热学家克拉斯科夫、留比莫娃学习。

作为地质部长，李四光平日的工作十分繁忙，但他始终关注地热的探寻开发，多次听取一线工作人员的工作汇报，并做出许多重要指示。

1967 年，李四光在武汉听说江汉油田在沙市南面打油井时，从地下 3000 米深处突然冒出 100℃以上的“热水”，喷到空中落下来后，热水还有 97℃。这种高温、高压型热水质量极佳，是一种过饱和盐水，除了盐以外，还有很多伴生元素，如碘、钾、溴、铷等。在听取地热组汇报江汉地热情况后，李四光表示，这种高温、高压本身就是很宝贵的能量，应设法把地下的热能综合利用起来。他说：“地热是个大问题，它不仅是湖北的问题，也是全中国的问题，往大了说是全人类的问题。……地下热能的开发与利用，是在人类历史上开辟一个新能源，也是地质战线向地球开战的新战场。”

1970 年 10 月 27 日，81 岁高龄的李四光听说工作人员发现天津地热带后，亲自率队到天津视察地热工作，参观了红旗鸭场和河北宾馆。

位于西郊区大任庄的红旗鸭场，地热井的水温在 40℃以上，用于取暖和摘毛车间，每年可以节煤 216 吨。

车间女工改用地下热水洗鸭后，因水中含有微量硼，大大减少了手部溃烂。鸭场表示，他们下一步将考虑通过热水管道的地热来孵化鸡鸭。

河北宾馆也打了一口热水井，水温达52℃，可用于洗浴、供暖。李四光听取汇报后，连声夸赞："能节省煤炭，意义不小！"他说，天津从实际情况出发，利用中低温地热从事温室种植、居民洗浴和冬季供暖，是一件利国利民的事业，具有开辟道路的意义。

随后，李四光又视察了军粮城发电厂。在天津海河边，他久久凝视着浓烟滚滚的发电厂。当陪同人员告诉他这个电厂每年要烧掉几十万吨煤时，他惋惜地说："如果把地热用到这里来，不仅能节约煤，还能减少很多城市污染！"

从天津考察回来后，李四光对女儿李林说："要是把地热充分利用起来，我们可以节省多少燃料，可以给人民生活带很大的便利……"

在李四光的建议下，天津市组建了地质勘探队，进行地质调查和勘探施工，展开了一场地热大会战。李四光认为，当务之急是搞清楚天津地下热水、冷水的分布情况，含水层究竟有几层、水量、水质的情况，这是打

天津红旗养鸭场

基础的工作。地质科学院、北京大学、北京地质学院等单位的专家学者，也参与了这项工作。

12 月 3 日，李四光在和北京地质学院地质力学系筹建小组的成员谈话时说："围绕利用热水做些工作，不一定只是发电，现在工业流程中局部需要热能，也可取暖。煤很贵，当燃料烧了太可惜，还污染空气。从国外的材料看，美国、日本有些大城市污染得住不了人，从高空看城市像个烟罩子，硫变成二氧化硫，遇到空气中的水汽变成硫酸，人一旦吸进去，必然危害健康。"

在李四光的倡导和推动下，地热开发利用在北京、广东、福建、云南、四川、西藏等许多省、市、区蓬勃开展起来。从 1970 年至今，在 50 多年的时间里，我国地热的开发和利用已经取得了喜人的成绩，不仅有效节省了煤炭资源，还减少了巨量的有害气体排放。

挂帅发展地震预报

中华人民共和国成立以后，李四光迎来了科学事业发展的春天，科研成果频出，几乎每年都有地质学方面的学术论文发表，如《受了歪曲的亚洲大陆》(1951 年)、《关于地质构造的三重基本概念》（1953 年）、《旋卷构造及其他有关中国西北部大地构造体系复合问题》（1954 年）、《莲花状构造》（1957 年）和《东西复杂构造带和南北构造带》（1959 年）等，大大丰富和发展了地质力学的内容。与此同时，孙殿卿等在柴达木盆地和云南等地的工作以及吴磊伯等在大别山地区、湘南地区的工作均有所进展。有的外国学者也从不同角度或者从某一方面开展了地质力学的研究。李四光认为，这些都需要进行系统性总结。

1958 年冬，李四光到青岛疗养，尽管同时患有高血压和心脏病，但他仍坚持写作。他的房间里经常彻夜灯火通明，但长久伏案工作显然对他的健康极为不利，于是，他决定采用自己口述、秘书记录，然后加以整理，再由他过目修改和补充的办法进行写作。他争分夺秒，无论在海边散步还是在树下避雨，无论是在汽车上还是在公园里，他都让秘书随行，随时记录他口述的内容，甚至连理发的时间也不错过。他的精力总是那么旺盛，思考问题又是那么缜密，而且记忆力惊人，前面讲过的内容，到第二天乃至一段时间后仍记得清清楚楚，总能顺着之前的思路往下讲。

经过无数个日夜的辛勤工作，1962 年初，《地质力学概论》这部 20 余万字的著作终于完稿。它不仅总结了李四光 40 年的科研实践经验，在研究地质构造现象和探索地壳运动规律方面打开了一条崭新的途径，还在整个世界地质学史上，首次对地质构造体系进行了明确分类：一是纬向构造体系，即横亘东西的复杂构造带；二是经向构造体系，即南北走向的构造带；三是各种扭动构造体系，包括“山”字形、“多”字形、“人”字形和旋卷构造、棋盘格式构造等。这样一来，人们对于构造体系的认识更加系统化，结束了此前相关著作中对这类问题描述混乱的状态。

李四光认为，地质力学是构造地质学和动力地质学之间的桥梁，是解决地壳运动问题的必然途径。而这个理论的建树，也可以被视为建立地震预报学的基础。

中国是一个地震多发区，这些地震大多是由于地质构造运动引起的。长期以来，人们对地震充满恐惧，但又束手无策，不知如何应对。中华人民共和国成立初期，中国科学院设立了地震台站等地震工作机构，负责地震观测、现场考察和人才培训，但人员和机构都比较分散，不利于统一管理。

1953 年 11 月，中国科学院成立地震工作委员会，李四光兼任主任委员。对于地震这种地质现象，李四光认为，既然无法避免，那就把危害降到最小，提前做好判断，防患于未然。因此，他很重视地震地质和地震预报工作，从 1955 年便开始探索地质构造与地震带分布的关系。

1962 年，广东新丰江水库发生强烈地震，导致水库大堤多处开裂。周总理召开紧急会议，安排有关单位负责抢险的同时，要求李四光成立地震地质大队进行考察研究，积累地震预报经验。

1966 年 3 月 8 日清晨，河北省邢台地区发生了 7 级以上强烈地震，震区位于隆尧、宁晋、新河、巨鹿四地间地带。地震引起地表广泛变形，地面大幅度升降，出现密集裂隙，沿裂隙带普遍发生涌泉冒沙现象，造成房屋倒塌、道路和桥梁严重损毁，人民的生命财产损失惨重。

灾害发生后，就地震预测问题，李四光组织召开了讨论会，会前做好了相关准备。首先，他肯定地表示："我认为地震是可以预测的。"然后，他从地质构造带和地应力等方面详尽阐述地震可以预报的结论。

会后，根据周总理的指示，李四光组织地震地质考察小队连夜赶赴震区，他则坐镇北京，指挥工作人员通过地层、电场、磁场、重力场的变化等资料进行各种复杂的比较分析。

地震地质考察小队深入震区后，在隆尧尧山打了一个测量地应力的浅孔，然后在紧贴孔壁的 3 个不同方向安置电感器，以观测地应力变化。这些装置是在邢台地震发生前在李四光的指导下研制的。随后，李四光又指示考察队在尧山附近打了一个 100 米左右的深孔，测量地应力，进行对比研究。

这段时间，他食不甘味、夜不安寝，几乎天天守在北京的指挥所里，等待尧山的消息。他把每天的地应力

变化绘制成曲线图，仔细分析研究，监视震情的演变。

3月22日下午，邢台地区又发生了一次强震。地震地质考察小队报告说，地震发生时，有个小组正在野外考察，捕捉到了一个千载难逢的奇异现象——隆尧南阳楼东南的一片枣林明显地向北来回反复转动。李四光认为，这一现象表明邢台地区遭受此次强震的某些地点发生了水平旋扭运动。

邢台地震发生后，李四光很想到灾区去看一看，但医生嘱咐他不能有过多或过重的体力活动，许淑彬也断然拒绝了他的这一要求。可是77岁的李四光执意要去，他并非不明白许淑彬的心意，但灾情严重，无法亲临现场察看灾情始终让他坐卧不宁。他对许淑彬说，这个时候让他去前线才是真正的关心和爱护他。许淑彬无奈，只得同意，并为他准备了一暖瓶面条，以备车上食用。

在尧山，李四光视察了设在那里的地震观测台和地应力观测站，考察了地震引起的各种地表形变现象，还和科学工作者一起探讨地震预报的途径，分析今后地震可能发展的趋势。一直忙到天黑他才上火车休息，火车到达北京时，他还在熟睡当中。下车后，他神采奕奕地对前来接他的许淑彬说："看来出差是治疗失眠症的好办法。”

不久，在李四光的亲自指导下，地震地质考察小队向国务院呈交了一份《邢台地震地质初步考察报告》，概括论证了地震发生的原因与急需解决的几个问题。

对邢台地震的考察研究，大大增强了李四光通过测量地应力来预测地震的信心，他根据现场调研掌握的具体情况，继续投入进一步的研究中。为了证明地应力的存在，他还在北京郊区的房山成功做了一次地应力解除试验。

1968 年初春的一个深夜，李四光突然接到国务院总理办公室打来的电话，请他参加紧急会议。李四光迅速赶到会场，发现会场气氛格外紧张。原来前段时间，北京周围一直有轻微地震，但是从前一天开始却突然停止了，一些动物也有反常表现。根据这一情况，有关专家认为，大概当天 7 时左右，北京市可能发生 7 级左右的地震，建议立即通知北京市民到室外空旷处躲避。

与会人员分别发表意见，但并未得出确切的结论。

开会之前，李四光已打电话向北京及周边的几个地应力观测站了解情况，得到的回复都是这几天地应力值没有异常表现。他心里稍微有了些许把握，审慎地分析道:“从邢台等地区地应力的长期观测来看,如果有大震,一般会有明显的、不稳定的、异常的地应力变化数据,但现在北京市郊的观测点并没有发现异常情况,证明至少北京及周边近期不会发生地震。另外,北京处于周边断裂带的中间,发生地震的可能性相对小一些,而且北京历史上也没有发生强烈地震的记录。加上华北地区的几次连续强震,已经释放了一些地下能量,也减轻或削弱了北京近期发生强烈地震的可能性。因此,我认为北京市区暂时不存在紧急情况。”

李四光分析完毕,建议最好不要发警报惊扰北京市民,初春时节天气寒冷,几百万人搬到室外去住,将造成很大的混乱。

经过慎重考虑,周总理采纳了李四光的意见。散会时已经是凌晨 3 点,李四光回家后,一夜没有合眼,结果正如他所料,北京安然无恙。天亮后,他终于长长地松了一口气。

1969 年 7 月 18 日,渤海发生地震。为了加强对地震工作的统一领导,中央决定成立地震工作领导小组,由李四光担任组长。李四光深感责任重大,尽管他已经是 80 岁高龄,动脉瘤随时可能破裂,但他仍亲力亲为,多次前往房山、延庆、密云、三河等地区调查地震现象，研究并分析了大量观察资料。直到逝世的前一天，他还对医生说："再有半年，地震预报就有结果了……"为祖国建设事业如此殚精竭虑，可谓"鞠躬尽瘁，死而后已"。

蜡炬成灰泪始干

无论地质考察还是行政管理，李四光凡事都讲求"认真"二字。20 世纪 50 年代，除了担任中国科学院副院长、地质部长外，他还有很多兼职，如中科院古生物研究所所长、地震委员会主任委员、中国科学院原子核科学委员会主任、地质部普查委员会主任、全国石油地质委员会主任委员、中国科学技术协会主席，等等。此外，作为全国政协副主席、历届全国人大代表，以及中苏友好协会副会长等，他还积极参与国家事务。无论多么繁忙，他都坚持亲自处理工作中的许多事情。因此，人们常说："李老的日程表上，几乎找不到个人的休闲时间。"而长期超负荷的工作，也严重损耗了他的身体。

1957年1月，李四光查出有肾脏病，于是到青岛疗养。疗养期间，他仍坚持工作，身体稍有好转便到附近考察地质。9月，他的肾病加重，突然大量便血，经疗养院检查，发现左肾有一个圆形的阴影，怀疑是肿瘤。北京方面派来了内科专家马万森和泌尿科专家吴阶平，经过仔细检查，他们建议李四光马上返京会诊，进行手术。

11月，手术顺利完成，最后证实李四光患的不是肿瘤，而是肾结石把左肾磨出个大水泡，但由于病情仍在继续恶化，切掉了左肾。手术后，李四光的身体十分虚弱，12月中旬，他来到颐和园介寿堂疗养，除了接受必要的治疗以外，继续进行研究工作。

1965年1月4日，根据第三届全国人民代表大会第一次会议决定，李四光连任地质部部长，这一年他76岁。一个年逾古稀的老人，仍然肩负着很多科研和行政工作的重担。当时，李四光决定把自己的学术著作修订一遍，可还没来得及动笔，他就感到身体不适，到医院一查，发现左髂骨有一搏动性肿块。随后，医生会诊确定他患了左髂骨总动脉瘤。至于肿瘤是良性还是恶性，需要做血管造影才能确定。

针对治疗方案，医生们持两种意见：一种是动手术，切除动脉瘤，免除后患；另一种是保守治疗。由于李四光年迈体弱，又有多种疾病，尤其还患有冠心病，恐怕难以承受大型手术。李四光本人则坚决不同意做手术，认为即使手术成功，他的寿命也得不到延长。何况，假如手术后变成残废，反而成为国家的负担。因此，他选择用剩下的时间多做些有益于人民的事情。

医生们经过反复讨论，决定尊重李四光本人的意见，采取保守治疗，但要求他只能安心休息，不许工作。

李四光欣然同意，但医生前脚刚走，他就坐到了写字台前。这一次，他要写的是《地质力学的方法与实践》。他认为前不久刚完成的《地质力学概论》只是一个开始，因此将其作为新作的第一篇。实际上，地质力学这门学科还需继续深入，将很多内容归纳和总结。李四光总有一种“时不我待”的紧迫感，工作起来时常忘记休息和吃午饭，直到吃晚饭时，家人才发现他一整天都在工作。许淑彬为此跟他发了很多次脾气。

有时写累了，李四光就趁人不注意到所里去看看，甚至到实验室去。一天，他到所里时正好赶上一个汇报会，听完汇报后听说有位老同志从野外回来后就病倒了，住进了医院。他打听到医院的地址和病房后便来到医院，吃力地爬上4楼，看望那位即将做手术的老同志。看到年老多病的老部长来看望自己，那位老同志感动得热泪盈眶，得到了极大的安慰。李四光关心部下的事迹不胜枚举，地质部的工作人员都很尊敬他、爱戴他，私底下都叫他“我们的老部长”，甚至有人亲切地称他为“李老头儿”。

1967年，李四光到北京医院检查身体，发现肿瘤有所增大，发展成了圆形肿块，随时有可能发生破裂或栓塞。医生建议他要避免繁重的工作和体力劳动，以减缓病情发展。但李四光忙于地震预测工作，根本无暇顾及这些。

1970年冬，北京格外寒冷，李四光的身体出现不适。当时有个会议，秘书和医生都一再劝阻他不要参加，但他还是坚持来到会场，认真听取发言。其间，他感觉身体一阵阵地发冷，裹紧大衣仍直打哆嗦。他知道自己又要犯病了，但还是坚持到会议结束才回家。

回到家里，来势凶猛的病情让他瞬时失去了抵抗能力，先是全身发冷，然后又发烧，心跳和血压都显示不正常。之后，他被送进了北京医院。治疗20多天后，他要求出院。由于他的动脉瘤在这期间一直在变大，医生一再提醒他要注意休息，务必停止工作。李四光满口答应，可一回到家，他又埋头研究地震预报的方法，家里人看在眼里，急在心头，却又束手无策，只能一遍又一遍劝他休息。

不出所料，李四光很快又病倒了，这次他的血压波动得很大。经过医护人员的精心救护，他的血压慢慢恢复了正常。这时，他又要求出院，医生坚决不同意。不久，李四光得知自己的主治医生出差，又去请求护士长让他出院。但护士长不容商量地说："没有医生的许可，谁也不能同意您老出院，这是医院的规定。"李四光无奈，只得安心在医院住下来，配合治疗。病情渐渐好转后，他可以轻微活动了。出院后，他又一头钻进地震预报的研究中。

1971 年 4 月 20 日，李四光拖着病体，认真听取了石油部第二海洋石油地质考察队的汇报。会议一连开了两天，他强打精神，似乎忘记了病痛。其间，他还扶着桌子站起来，兴奋地发表了自己的意见，一讲就是一个多小时。望着在座的年轻地质工作者，他眼中充满了赞许，激动地说道："同志们，你们是我的好老师！渤海的风浪那么大，你们在那里坚持工作，你们很辛苦！希望大家在这个基础上，再接再厉，为我们国家找到更大的油田！”

这是李四光最后一次和基层考察队谈话。散会后，他已筋疲力尽，无法走路，人们连忙把他送回家。许淑彬看见大家搀扶着心力交瘁的李四光回来，赶紧过来扶他，他却摆摆手，自己挣扎着走到床边，缓缓地倒在了床上。

李四光晚年就是这样争分夺秒地拼命工作，似乎是要与死神赛跑。许淑彬见状万分不忍，压着哭腔劝道：“你的病这么重，医生不让你工作，你就听医生的话吧！”

李四光叹了口气，沉重地说：“我没有时间休息了！用地应力的方法预测地震，大方向是对的。可是，怎么精确地测定地应力，还没有摸到门路。如果现在还搞不出个眉目来，我就是死了，也对不起党和人民……”说着，他不禁哽咽了，许淑彬在一旁也跟着抹眼泪。

李四光的身体越来越虚弱，他左侧的总动脉瘤随时都有破裂的危险。他预感到自己时日无多，更加拼命工作。在生命的最后时刻，他想尽己所能地把自己的学识和方法留给后人，留给祖国。

4月24日，李四光的体温骤升至38℃，被紧急送往北京医院。

4月28日下午，北京医院约请阜外医院的心血管专家前来会诊，李四光对医生说："大夫，请你坦率地告诉我，我的病情有多重？究竟还能活多长时间？我好安排一下工作。总理交给我的地震预报工作还没有完成，地热的开发工作还有待开始……"医生被李四光那执着的工作热情深深打动了，不知道该对这位可敬的老科学家说些什么，只能尽力安慰他好好养病，他们将尽全力救治。

当天下午，李四光又和秘书谈了很久关于地震方面的工作，并叮嘱秘书第二天早上把大幅的中国地图带到医院来，他有一些防震预报工作要安排下去……然而，他再也看不了秘书带来的中国地图了。

4月29日上午8点30分，李四光突然感到肚子剧烈疼痛，很快陷入昏迷。医生检查发现，他的总动脉瘤已经破裂，于是立马组织手术，但由于血管硬化，人造血管无法连接，只得进行包扎。待包扎完毕，李四光的心脏也停止了跳动。

这位伟大的地质学家，带着事业未竟的遗憾以及对未来科学的憧憬，离开了人世！他在人间行走了82年，足迹遍布全世界，此刻，他走过的山川在哀鸣，他蹚过的河流在呜咽……

几十年过去了，李四光那矢志不移的爱国情怀、实事求是的科学品格、鞠躬尽瘁的奉献精神，仍然激励着一代又一代的地质人。

2009年9月，李四光被评为“100位新中国成立以来感动中国人物”，颁奖词评价他是“新中国地质事业群星中最为明亮的一颗”。10月4日，经国际天文学联合会小天体提名委员会批准，中国科学院和国家天文台把一颗小行星命名为“李四光星”，而李四光的精神也将永远“光被四表”。